论文化建设
——重要论述摘编

中共中央宣传部
中共中央文献研究室

学习出版社
中央文献出版社

关于认真组织学习《论文化建设——重要论述摘编》的通知

各省、自治区、直辖市和新疆生产建设兵团党委宣传部，中央直属机关工委、中央国家机关工委宣传部，国务院国资委党委宣传部，中央宣传文化系统各单位：

为推动党的十七届六中全会精神贯彻落实，中央宣传部、中央文献研究室组织选编出版了《论文化建设——重要论述摘编》（以下简称《摘编》）。《摘编》分专题选编了毛泽东、邓小平、江泽民和胡锦涛同志关于文化建设的一系列重要论述，集中反映了我们党关于文化建设的重要思想和基本精神，是深入学习贯彻十七届六中全会精神、进一步推进文化改革发展的重要学习材料。

要充分发挥《摘编》在深入学习贯彻十七届六中全会精神中的作用，组织广大党员干部认真学习我们党关于文化建设的重要文献，学习党中央关于文化建设的一系列重要观点、重要部署，特别是学习党的十七届六中全会精神，引导党员干部进一步增强深化文化体制改革、推动社会主义文化大发展大繁荣的自觉性。

要把学习《摘编》作为深入推进学习型党组织建设的重要内容，组织好《摘编》的学习宣传和使用。各级党委（党组）中心组要把《摘编》纳入学习计划。要把《摘编》作为各级党校、行政学院和干部学院培训学习材料，作为对高校师生进行思想政治理论教育的重要材料。各级党委讲师团要将《摘编》纳入对党员干部和基层群众的宣讲。

中共中央宣传部

2012 年 2 月 12 日

目 录

一、关于文化建设的重要地位 ………………（ 1 ）

二、关于文化建设的指导思想 ………………（ 15 ）

三、关于文化建设的基本方针 ………………（ 29 ）

四、关于建设社会主义核心价值体系 ………（ 49 ）

五、关于繁荣发展文化事业和文化产业 ……（ 73 ）

六、关于文化创新和文化体制改革 …………（ 93 ）

七、关于文化人才队伍建设 …………………（109）

八、关于党对文化建设的领导 ………………（123）

一、关于文化建设的重要地位

一定的文化（当作观念形态的文化）是一定社会的政治和经济的反映，又给予伟大影响和作用于一定社会的政治和经济。

>毛泽东：《新民主主义论》（1940年1月），《毛泽东选集》第2卷，人民出版社1991年版，第663—664页

至于新文化，则是在观念形态上反映新政治和新经济的东西，是替新政治新经济服务的。

>毛泽东：《新民主主义论》（1940年1月），《毛泽东选集》第2卷，人民出版社1991年版，第695页

革命文化，对于人民大众，是革命的有力武器。革命文化，在革命前，是革命的思想准备；在革命

中，是革命总战线中的一条必要和重要的战线。而革命的文化工作者，就是这个文化战线上的各级指挥员。"没有革命的理论，就不会有革命的运动"，可见革命的文化运动对于革命的实践运动具有何等的重要性。

> 毛泽东：《新民主主义论》（1940年1月），《毛泽东选集》第2卷，人民出版社1991年版，第708页

在我们为中国人民解放的斗争中，有各种的战线，就中也可以说有文武两个战线，这就是文化战线和军事战线。我们要战胜敌人，首先要依靠手里拿枪的军队。但是仅仅有这种军队是不够的，我们还要有文化的军队，这是团结自己、战胜敌人必不可少的一支军队。

> 毛泽东：《在延安文艺座谈会上的讲话》（1942年5月），《毛泽东选集》第3卷，人民出版社1991年版，第847页

文化是反映政治斗争和经济斗争的，但它同时又能指导政治斗争和经济斗争。文化是不可少的，任何社会没有文化就建设不起来。

> 毛泽东：《关于陕甘宁边区的文化教育问题》（1944

年3月22日),《毛泽东文集》第3卷,人民出版社1996年版,第109—110页

没有文化的军队是愚蠢的军队,而愚蠢的军队是不能战胜敌人的。

毛泽东:《文化工作中的统一战线》(1944年10月30日),《毛泽东选集》第3卷,人民出版社1991年版,第1011页

我们中国是处在经济落后和文化落后的情况中。在革命胜利以后,我们的任务主要地就是发展生产和发展文化教育。

毛泽东:《中共中央给中华全国文学艺术工作者代表大会的贺电》(1949年7月1日),《毛泽东文艺论集》,中央文献出版社2002年版,第129—130页

要安下心来,使我们可以建设我们国家现代化的工业、现代化的农业、现代化的科学文化和现代化的国防。

毛泽东:《中尼边界要永远和平友好》(1960年3月18日),《毛泽东文集》第8卷,人民出版社1999年版,第162页

社会主义制度的优越性表现在它的文化、科学技术水平应该比资本主义发展得更快、更先进，这才称得起社会主义，称得起先进的社会制度。

> 邓小平：1977年9月14日会见日本新自由俱乐部访华团时的谈话，《邓小平年谱（1975—1997）》（上），中央文献出版社2004年版，第200页

我们要在建设高度物质文明的同时，提高全民族的科学文化水平，发展高尚的丰富多彩的文化生活，建设高度的社会主义精神文明。

> 邓小平：《在中国文学艺术工作者第四次代表大会上的祝词》（1979年10月30日），《邓小平文选》第2卷，人民出版社1994年版，第208页

我们要建设的社会主义国家，不但要有高度的物质文明，而且要有高度的精神文明。所谓精神文明，不但是指教育、科学、文化（这是完全必要的），而且是指共产主义的思想、理想、信念、道德、纪律，革命的立场和原则，人与人的同志式关系，等等。

> 邓小平：《贯彻调整方针，保证安定团结》（1980

年12月25日),《邓小平文选》第2卷,
人民出版社1994年版,第367页

没有这种精神文明,没有共产主义思想,没有共产主义道德,怎么能建设社会主义?党和政府愈是实行各项经济改革和对外开放的政策,党员尤其是党的高级负责干部,就愈要高度重视、愈要身体力行共产主义思想和共产主义道德。否则,我们自己在精神上解除了武装,还怎么能教育青年,还怎么能领导国家和人民建设社会主义!

邓小平:《贯彻调整方针,保证安定团结》(1980年12月25日),《邓小平文选》第2卷,人民出版社1994年版,第367页

随着经济的发展,如果不注意精神文明建设,就有很大危险。精神文明是十分重要的一件事,特别是有理想、有道德、有纪律和艰苦奋斗。这也不是抓一年两年的事,要一直抓到底。

邓小平:1982年4月7日会见缅甸共产党中央代表团时的谈话,《邓小平年谱(1975—1997)》(下),中央文献出版社2004年版,第813—814页

精神文明建设是实现四个现代化的重要保证。……没有理想、没有艰苦奋斗的精神不行，精神面貌可以直接影响物质。

> 邓小平：1982年8月10日会见美籍华人科学家邓昌黎、陈树柏、牛满江、葛守仁、聂华桐等时的谈话，《邓小平年谱（1975—1997）》（下），中央文献出版社2004年版，第838页

不加强精神文明的建设，物质文明的建设也要受破坏，走弯路。光靠物质条件，我们的革命和建设都不可能胜利。过去我们党无论怎样弱小，无论遇到什么困难，一直有强大的战斗力，因为我们有马克思主义和共产主义的信念。有了共同的理想，也就有了铁的纪律。无论过去、现在和将来，这都是我们的真正优势。

> 邓小平：《在中国共产党全国代表会议上的讲话》（1985年9月23日），《邓小平文选》第3卷，人民出版社1993年版，第144页

社会主义的优越性不仅表现在经济政治方面，表现在能够创造出高度的物质文明上，而且表现在思想文化方面，表现在能够创造出高度的精神文明

上。贫穷不是社会主义；精神生活空虚，社会风气败坏，也不是社会主义。现代化建设的实践告诉我们，越是集中力量发展经济，越是加快改革开放的步伐，就越是需要社会主义精神文明提供强大的精神动力和智力支持，以保证物质文明建设的顺利进行。必须充分认识到，两个文明建设缺少任何一个方面的发展，都不成其为有中国特色的社会主义。

> 江泽民：《发挥我军的政治优势，大力加强军队的精神文明建设》(1993年12月18日)，《社会主义精神文明建设文献选编》，中央文献出版社1996年版，第473—474页

人类社会发展的历史证明，一个民族，物质上不能贫困，精神上也不能贫困，只有物质和精神都富有，才能成为一个有强大生命力和凝聚力的民族。

> 江泽民：《在中央精神文明建设指导委员会第一次全体会议上的讲话》(1997年5月26日)，《江泽民论有中国特色社会主义（专题摘编）》，中央文献出版社2002年版，第382页

有中国特色社会主义的文化，是凝聚和激励全国各族人民的重要力量，是综合国力的重要标志。它渊源于中华民族五千年文明史，又植根于有中国

特色社会主义的实践，具有鲜明的时代特点；它反映我国社会主义经济和政治的基本特征，又对经济和政治的发展起巨大促进作用。

> 江泽民：《高举邓小平理论伟大旗帜，把建设有中国特色社会主义事业全面推向二十一世纪》（1997年9月12日），《江泽民文选》第2卷，人民出版社2006年版，第33页

一个民族、一个国家，如果没有自己的精神支柱，就等于没有灵魂，就会失去凝聚力和生命力。有没有高昂的民族精神，是衡量一个国家综合国力强弱的一个重要尺度。综合国力，主要是经济实力、技术实力，这种物质力量是基础，但也离不开民族精神、民族凝聚力，精神力量也是综合国力的重要组成部分。

> 江泽民：《在全国抗洪抢险总结表彰大会上的讲话》（1998年9月28日），《十五大以来重要文献选编》（上），人民出版社2000年版，第549页

坚持什么样的文化方向，推动建设什么样的文化，是一个政党在思想上精神上的一面旗帜。

> 江泽民：《在庆祝中国共产党成立八十周年大会上

的讲话》（2001年7月1日），《江泽民文选》第3卷，人民出版社2006年版，第277页

我们建设有中国特色社会主义的各项事业，我们进行的一切工作，既要着眼于人民现实的物质文化生活需要，同时又要着眼于促进人民素质的提高，也就是要努力促进人的全面发展。这是马克思主义关于建设社会主义新社会的本质要求。我们要在发展社会主义社会物质文明和精神文明的基础上，不断推进人的全面发展。

江泽民：《在庆祝中国共产党成立八十周年大会上的讲话》（2001年7月1日），《江泽民文选》第3卷，人民出版社2006年版，第294页

只有建设面向现代化、面向世界、面向未来的，民族的科学的大众的社会主义先进文化，才能满足人民日益增长的精神文化需要，不断促进人民思想道德素质和科学文化素质的提高，也才能为发展经济、发展先进生产力指引正确的方向，提供强大的智力支持。

江泽民：《文艺是民族精神的火炬》（2001年12

月18日),《江泽民文选》第3卷,人民出版社2006年版,第400页

全面建设小康社会,必须大力发展社会主义文化,建设社会主义精神文明。当今世界,文化与经济和政治相互交融,在综合国力竞争中的地位和作用越来越突出。文化的力量,深深熔铸在民族的生命力、创造力和凝聚力之中。

> 江泽民:《全面建设小康社会,开创中国特色社会主义事业新局面》(2002年11月8日),《江泽民文选》第3卷,人民出版社2006年版,第558页

一个没有文化底蕴的民族,一个不能不断进行文化创新的民族,是很难发展起来的,也是很难自立于世界民族之林的。要提高发展水平,增强发展后劲,提高群众生活质量,必须高度重视并全面推进文化建设。

> 胡锦涛:《在广东省考察工作结束时的讲话》(2003年4月15日)

始终高扬引导中国社会前进的社会主义文化旗帜,不断发展社会主义文化,我们才能不断丰富人

民群众的精神世界，不断增强人民群众的精神力量，也才能有力地抵御各种腐朽落后的思想观念对我国社会的渗透和侵蚀。

> 胡锦涛：《用"三个代表"重要思想武装头脑指导实践推动工作》（2003年9月3日），《求是》2004年第1期

一部人类社会发展史，是人类生命繁衍、财富创造的物质文明发展史，更是人类文化积累、文明传承的精神文明发展史。人类社会每一次跃进，人类文明每一次升华，无不镌刻着文化进步的烙印。

> 胡锦涛：《在中国文联第八次全国代表大会、中国作协第七次全国代表大会上的讲话》（2006年11月10日），《十六大以来重要文献选编》（下），中央文献出版社2008年版，第751页

当今时代，文化在综合国力竞争中的地位日益重要。谁占据了文化发展的制高点，谁就能够更好地在激烈的国际竞争中掌握主动权。人类文明进步的历史充分表明，没有先进文化的积极引领，没有人民精神世界的极大丰富，没有全民族创造精神的充分发挥，一个国家、一个民族不可能屹立于世界

先进民族之林。

> 胡锦涛：《在中国文联第八次全国代表大会、中国作协第七次全国代表大会上的讲话》（2006年11月10日），《十六大以来重要文献选编》（下），中央文献出版社2008年版，第752页

综合国力竞争的一个显著特点，就是文化的地位和作用更加凸显，经济较量中的文化因素日益突出，越来越多的国家把提高文化软实力作为重要发展战略。

> 胡锦涛：《在全国宣传思想工作会议上的讲话》（2008年1月22日）

加强国家文化软实力建设，对内增强民族凝聚力和向心力，对外增强国家亲和力和影响力，是全面增强我国综合国力的必然要求，也是实现我国和平发展的战略之举。

> 胡锦涛：《在全国宣传思想工作会议上的讲话》（2008年1月22日）

我国发展呈现出一系列阶段性特征，其中一个值得高度重视的问题，就是随着经济社会持续快速

发展，特别是随着人民生活水平不断提高，我国进入了文化消费的快速增长期，人们精神文化需要更加旺盛，文化已经成为衡量社会文明程度和人民生活质量的显著标志。

胡锦涛：《在全国宣传思想工作会议上的讲话》
（2008年1月22日）

文化是民族凝聚力和创造力的重要源泉，是综合国力竞争的重要因素，是经济社会发展的重要支撑。

胡锦涛：《在十七届中共中央政治局第22次集体学习时的讲话》（2010年7月23日），《人民日报》2010年7月24日

社会主义先进文化是马克思主义政党思想精神上的旗帜。面对当今文化越来越成为综合国力竞争重要因素的新形势，我们必须以高度的文化自觉和文化自信，着眼于提高民族素质和塑造高尚人格，以更大力度推进文化改革发展，在中国特色社会主义伟大实践中进行文化创造，让人民共享文化发展成果。

胡锦涛：《在庆祝中国共产党成立90周年大会上的讲话》（2011年7月1日），《人民日报》2011年7月2日

二、关于文化建设的指导思想

当作国民文化的方针来说，居于指导地位的是共产主义的思想，并且我们应当努力在工人阶级中宣传社会主义和共产主义，并适当地有步骤地用社会主义教育农民及其他群众。

> 毛泽东：《新民主主义论》（1940年1月），《毛泽东选集》第2卷，人民出版社1991年版，第704页

民族的科学的大众的文化，就是人民大众反帝反封建的文化，就是新民主主义的文化，就是中华民族的新文化。

> 毛泽东：《新民主主义论》（1940年1月），《毛泽东选集》第2卷，人民出版社1991年版，第708—709页

马克思列宁主义是一切革命者都应该学习的科学，文艺工作者不能是例外。

> 毛泽东：《在延安文艺座谈会上的讲话》（1942年5月），《毛泽东选集》第3卷，人民出版社1991年版，第852页

我们是马克思主义者，马克思主义叫我们看问题不要从抽象的定义出发，而要从客观存在的事实出发，从分析这些事实中找出方针、政策、办法来。我们现在讨论文艺工作，也应该这样做。

> 毛泽东：《在延安文艺座谈会上的讲话》（1942年5月），《毛泽东选集》第3卷，人民出版社1991年版，第853页

我们历史上的马克思主义有很多种，有香的马克思主义，有臭的马克思主义，有活的马克思主义，有死的马克思主义，把这些马克思主义堆在一起就多得很。我们所要的是香的马克思主义，不是臭的马克思主义；是活的马克思主义，不是死的马克思主义。

> 毛泽东：《在中国共产党第七次全国代表大会上的口头政治报告》（1945年4月），《毛泽东文集》第3卷，人民出版社1996年版，第331—332页

领导我们事业的核心力量是中国共产党。

指导我们思想的理论基础是马克思列宁主义。

> 毛泽东：《为建设一个伟大的社会主义国家而奋斗》（1954年9月15日），《毛泽东文集》第6卷，人民出版社1999年版，第350页

马列主义的基本原理在实践中的表现形式，各国应有所不同。在中国，马列主义的基本原理要和中国的革命实际相结合。

> 毛泽东：《同音乐工作者的谈话》（1956年8月24日），《毛泽东文集》第7卷，人民出版社1999年版，第78页

我们希望我国的知识分子继续前进，在自己的工作和学习的过程中，逐步地树立共产主义的世界观，逐步地学好马克思列宁主义，逐步地同工人农民打成一片，而不要中途停顿，更不要向后倒退，倒退是没有出路的。

> 毛泽东：《关于正确处理人民内部矛盾的问题》（1957年2月27日），《毛泽东文集》第7卷，人民出版社1999年版，第225页

只有解放思想，坚持实事求是，一切从实际出发，理论联系实际，我们的社会主义现代化建设才能顺利进行，我们党的马列主义、毛泽东思想的理论也才能顺利发展。

> 邓小平：《解放思想，实事求是，团结一致向前看》（1978 年 12 月 13 日），《邓小平文选》第 2 卷，人民出版社 1994 年版，第 143 页

我们必须坚持社会主义道路，坚持无产阶级专政，坚持共产党的领导，坚持马列主义、毛泽东思想。……如果动摇了这四项基本原则中的任何一项，那就动摇了整个社会主义事业，整个现代化建设事业。

> 邓小平：《坚持四项基本原则》（1979 年 3 月 30 日），《邓小平文选》第 2 卷，人民出版社 1994 年版，第 173 页

思想战线上的战士，都应当是人类灵魂工程师。……作为灵魂工程师，应当高举马克思主义的、社会主义的旗帜，用自己的文章、作品、教学、讲演、表演，教育和引导人民正确地对待历史，认识现实，坚信社会主义和党的领导，鼓舞人民奋发努力，积极向上，真正做到有理想、有道德、有文化、

守纪律，为伟大壮丽的社会主义现代化建设事业而英勇奋斗。

> 邓小平：《党在组织战线和思想战线上的迫切任务》（1983年10月12日），《邓小平文选》第3卷，人民出版社1993年版，第40页

我们干的是社会主义事业，最终目的是实现共产主义。这一点，我希望宣传方面任何时候都不要忽略。

> 邓小平：《一靠理想二靠纪律才能团结起来》（1985年3月7日），《邓小平文选》第3卷，人民出版社1993年版，第110页

我们现在搞两个文明建设，一是物质文明，一是精神文明。实行开放政策必然会带来一些坏的东西，影响我们的人民。要说有风险，这是最大的风险。我们用法律和教育这两个手段来解决这个问题。只要不放松，认真抓，就会有办法。对贪污、行贿、盗窃以及其他乌七八糟的东西，人民是非常反感的，我们依靠人民的力量，一定能够逐步加以克服。

> 邓小平：《拿事实来说话》（1986年3月28日），《邓小平文选》第3卷，人民出版社1993年版，第156页

我们建设社会主义，准确地说是建设有中国特色的社会主义，这样才是真正地坚持了马克思主义。我们历来主张世界各国共产党根据自己的特点去继承和发展马克思主义，离开自己国家的实际谈马克思主义，没有意义。

> 邓小平：《用坚定的信念把人民团结起来》（1986年11月9日），《邓小平文选》第3卷，人民出版社1993年版，第191页

我们坚信马克思主义，但马克思主义必须与中国实际相结合。只有结合中国实际的马克思主义，才是我们所需要的真正的马克思主义。

> 邓小平：《怎样评价一个国家的政治体制》（1987年3月27日），《邓小平文选》第3卷，人民出版社1993年版，第213页

我们历来提倡有理想、有道德、有文化、有纪律，其中最重要的是有理想、有纪律。理想就是社会主义现代化。很多人只讲现代化，忘了我们讲的现代化是社会主义现代化。

> 邓小平：《中国只能走社会主义道路》（1987年3月3日），《邓小平文选》第3卷，人民出版社1993年版，第209页

要用马克思主义和社会主义思想去指导理论、宣传、教育、新闻、出版、文学艺术等部门的工作，去占领思想文化阵地和舆论阵地，丰富群众的精神生活。

> 江泽民：《在庆祝中华人民共和国成立四十周年大会上的讲话》（1989年9月29日），《十三大以来重要文献选编》（中），人民出版社1991年版，第626—627页

坚持马克思列宁主义、毛泽东思想的指导地位，是我们立党立国的根本，也是社会主义文化建设的根本，决定着我国文化事业的性质和方向。

> 江泽民：《当代中国共产党人的庄严使命》（1991年7月1日），《江泽民文选》第1卷，人民出版社2006年版，第158页

有中国特色社会主义的文化，必须以马克思列宁主义、毛泽东思想为指导，不能搞指导思想的多元化。

> 江泽民：《当代中国共产党人的庄严使命》（1991年7月1日），《江泽民文选》第1卷，人民出版社2006年版，第158页

建设有中国特色社会主义的文化，就是以马克思主义为指导，以培育有理想、有道德、有文化、有纪律的公民为目标，发展面向现代化、面向世界、面向未来的，民族的科学的大众的社会主义文化。

> 江泽民：《高举邓小平理论伟大旗帜，把建设有中国特色社会主义事业全面推向二十一世纪》（1997年9月12日），《江泽民文选》第2卷，人民出版社2006年版，第17—18页

思想文化阵地，马克思主义、无产阶级的思想不去占领，各种非马克思主义、非无产阶级的思想甚至反马克思主义的思想就会去占领。从上到下的一切思想文化阵地，包括理论、新闻、出版、报刊、小说、诗歌、音乐、绘画、舞蹈、戏剧、电影、电视、广播、网络等，都应该成为我们宣传科学理论、传播先进文化、塑造美好心灵的阵地，决不能给违反四项基本原则、违反改革开放政策、违反党的方针政策的错误观点，以及危害人民特别是青少年身心健康的东西提供传播渠道。

> 江泽民：《在中央思想政治工作会议上的讲话》（2000年6月28日），《江泽民文选》第3卷，人民出版社2006年版，第97页

在当代中国，发展先进文化，就是发展有中国特色社会主义的文化，就是建设社会主义精神文明。

> 江泽民：《在庆祝中国共产党成立八十周年大会上的讲话》（2001年7月1日），《江泽民文选》第3卷，人民出版社2006年版，第276页

牢牢把握中国先进文化的发展趋势和要求，坚持以马克思列宁主义、毛泽东思想、邓小平理论为指导，立足于建设有中国特色社会主义的实践，着眼于世界科学文化发展的前沿，不断发展健康向上、丰富多彩的，具有中国风格、中国特色的社会主义文化，满足人民群众日益增长的精神文化需求，引导广大人民群众从思想上精神上正确武装和不断提高起来。

> 江泽民：《在庆祝中国共产党成立八十周年大会上的讲话》（2001年7月1日），《江泽民文选》第3卷，人民出版社2006年版，第276—277页

一是必须坚持马克思主义的立场、观点、方法，坚持马克思主义的基本原理。这一点，要坚定不移，不能含糊。二是一定要贯彻解放思想、实事求是的

思想路线，坚持勇于追求真理和探索真理的革命精神。这一点，也要坚定不移，不能含糊。我认为，这两个"坚定不移"、两个"不能含糊"，始终是检验我们是不是真正的马克思主义者的试金石。

江泽民：《科学对待马克思主义》（2001年8月31日），《江泽民文选》第3卷，人民出版社2006年版，第335页

要坚持马克思主义在意识形态领域的指导地位，牢牢掌握宣传舆论工作的主动权，加强宣传思想文化阵地的建设和管理，妥善处理意识形态领域出现的问题，使社会思想舆论的主流更加积极健康向上。

胡锦涛：《在中共十六届三中全会第一次全体会议上的讲话》（2003年10月11日）

马克思主义是我们立党立国的根本指导思想，是社会主义意识形态的旗帜和灵魂。坚持和巩固马克思主义在我国意识形态领域的指导地位，是党和人民团结一致、始终沿着正确方向前进的根本思想保证。

胡锦涛：《在全国宣传思想工作会议上的讲话》（2003年12月5日）

我们是当今世界最大的社会主义国家，必然会长期面对各种敌对势力在意识形态领域的渗透活动。对这一点，全党同志特别是宣传思想战线的同志必须保持高度警觉，做到警钟长鸣。我们必须始终坚持和不断巩固马克思主义在我国意识形态领域的指导地位，坚持在解放思想中统一思想，坚持用发展着的马克思主义指导改革开放和现代化建设，不断巩固全党全国人民团结奋斗的共同思想基础，为实现全面建设小康社会的宏伟目标提供强大精神动力。

胡锦涛：《在全国宣传思想工作会议上的讲话》
（2003 年 12 月 5 日）

要把意识形态工作作为关系国家安全和社会稳定、关系党和人民事业兴衰成败的重大工作紧紧抓好，始终坚持和不断巩固马克思主义在意识形态领域的指导地位。要加强马克思主义理论研究，不断增强说服力和战斗力，真正使马克思主义成为全党全国人民团结奋斗的精神支柱。

胡锦涛：《做好当前党和国家的各项工作》（2004
年 9 月 19 日），《十六大以来重要文献选
编》（中），中央文献出版社 2006 年版，
第 318 页

要保证我国改革开放和社会主义现代化建设顺利进行，必须坚持马克思主义在意识形态领域的指导地位，牢牢把握先进文化的前进方向，丰富人们的精神世界，鼓舞人民投身现代化建设的信心和斗志。

胡锦涛：《在中共十六届六中全会第一次全体会议上的讲话》（2006年10月8日）

西方敌对势力的鼓噪，国内的各种噪音杂音，不仅过去有，现在有，将来也还会有。关键是我们自己要有主心骨，要巩固和发展马克思主义在意识形态领域的指导地位。马克思列宁主义、毛泽东思想、邓小平理论和"三个代表"重要思想，是我们立党立国的根本指导思想，是全党全国各族人民的共同精神支柱，也是我们战胜艰难险阻、抵御错误思想干扰的强大思想武器。我们说要建设社会主义核心价值体系，马克思主义指导地位是最根本的。

胡锦涛：《在中共十六届六中全会第二次全体会议上的讲话》（2006年10月11日），《十六大以来重要文献选编》（下），中央文献出版社2008年版，第684—685页

中国特色社会主义理论体系，就是包括邓小平

理论、"三个代表"重要思想以及科学发展观等重大战略思想在内的科学理论体系。这个理论体系，坚持和发展了马克思列宁主义、毛泽东思想，凝结了几代中国共产党人带领人民不懈探索实践的智慧和心血，是马克思主义中国化最新成果，是党最可宝贵的政治和精神财富，是全国各族人民团结奋斗的共同思想基础。中国特色社会主义理论体系是不断发展的开放的理论体系。《共产党宣言》发表以来近一百六十年的实践证明，马克思主义只有与本国国情相结合、与时代发展同进步、与人民群众共命运，才能焕发出强大的生命力、创造力、感召力。在当代中国，坚持中国特色社会主义理论体系，就是真正坚持马克思主义。

胡锦涛：《高举中国特色社会主义伟大旗帜，为夺取全面建设小康社会新胜利而奋斗》（2007年10月15日），《十七大以来重要文献选编》（上），中央文献出版社2009年版，第9页

高举中国特色社会主义伟大旗帜，坚持以邓小平理论和"三个代表"重要思想为指导，深入贯彻落实科学发展观，把坚持马克思主义基本原理同推

进马克思主义中国化结合起来,用党的理论创新成果武装头脑、指导实践、推动工作,巩固马克思主义在意识形态领域的指导地位。

胡锦涛:《在全国宣传思想工作会议上的讲话》
(2008 年 1 月 22 日)

三、关于文化建设的基本方针

中国应该大量吸收外国的进步文化,作为自己文化食粮的原料。

> 毛泽东:《新民主主义论》(1940年1月),《毛泽东选集》第2卷,人民出版社1991年版,第706页

所谓"全盘西化"的主张,乃是一种错误的观点。形式主义地吸收外国的东西,在中国过去是吃过大亏的。

> 毛泽东:《新民主主义论》(1940年1月),《毛泽东选集》第2卷,人民出版社1991年版,第707页

清理古代文化的发展过程,剔除其封建性的糟粕,吸收其民主性的精华,是发展民族新文化提高

民族自信心的必要条件；但是决不能无批判地兼收并蓄。

> 毛泽东：《新民主主义论》（1940年1月），《毛泽东选集》第2卷，人民出版社1991年版，第707—708页

人民要求普及，跟着也就要求提高，要求逐年逐月地提高。在这里，普及是人民的普及，提高也是人民的提高。而这种提高，不是从空中提高，不是关门提高，而是在普及基础上的提高。这种提高，为普及所决定，同时又给普及以指导。

> 毛泽东：《在延安文艺座谈会上的讲话》（1942年5月），《毛泽东选集》第3卷，人民出版社1991年版，第862页

一切革命的文学家艺术家只有联系群众，表现群众，把自己当作群众的忠实的代言人，他们的工作才有意义。只有代表群众才能教育群众，只有做群众的学生才能做群众的先生。如果把自己看作群众的主人，看作高踞于"下等人"头上的贵族，那末，不管他们有多大的才能，也是群众所不需要的，他们的工作是没有前途的。

> 毛泽东：《在延安文艺座谈会上的讲话》（1942年

5月),《毛泽东选集》第3卷,人民出版社1991年版,第864页

继承中国过去的思想和接受外来思想,并不意味着无条件地照搬,而必须根据具体条件加以采用,使之适合中国的实际。我们的态度是批判地接受我们自己的历史遗产和外国的思想。我们既反对盲目接收任何思想也反对盲目抵制任何思想。我们中国人必须用我们自己的头脑进行思考,并决定什么东西能在我们自己的土壤里生长起来。

毛泽东:《同英国记者斯坦因的谈话》(1944年7月14日),《毛泽东文集》第3卷,人民出版社1996年版,第192页

我们的文化是人民的文化,文化工作者必须有为人民服务的高度的热忱,必须联系群众,而不要脱离群众。

毛泽东:《文化工作中的统一战线》(1944年10月),《毛泽东选集》第3卷,人民出版社1991年版,第1012页

我们的方针是,一切民族、一切国家的长处都要学,政治、经济、科学、技术、文学、艺术的一

切真正好的东西都要学。但是，必须有分析有批判地学，不能盲目地学，不能一切照抄，机械搬用。

> 毛泽东：《论十大关系》（1956年4月25日），《毛泽东文集》第7卷，人民出版社1999年版，第41页

艺术问题上的百花齐放，学术问题上的百家争鸣，我看应该成为我们的方针。

> 毛泽东：《在中共中央政治局扩大会议上的总结讲话》（1956年4月28日），《毛泽东文集》第7卷，人民出版社1999年版，第54页

艺术的基本原理有其共同性，但表现形式要多样化，要有民族形式和民族风格。

> 毛泽东：《同音乐工作者的谈话》（1956年8月24日），《毛泽东文集》第7卷，人民出版社1999年版，第76页

我们的教育方针，应该使受教育者在德育、智育、体育几方面都得到发展，成为有社会主义觉悟的有文化的劳动者。

> 毛泽东：《关于正确处理人民内部矛盾的问题》

(1957年2月27日),《毛泽东文集》第7卷,人民出版社1999年版,第226页

百花齐放、百家争鸣的方针,是促进艺术发展和科学进步的方针,是促进我国的社会主义文化繁荣的方针。艺术上不同的形式和风格可以自由发展,科学上不同的学派可以自由争论。

毛泽东:《关于正确处理人民内部矛盾的问题》(1957年2月27日),《毛泽东文集》第7卷,人民出版社1999年版,第229页

古为今用,洋为中用。

毛泽东:《关于"古为今用,洋为中用"的批示》(1964年9月27日),《毛泽东文艺论集》,中央文献出版社2002年版,第227页

我们的方针是,一要普及,二要提高,两者不能偏废。只普及不提高,科学文化不能很快进步;只提高不普及,也不能适应国家各方面的需要。社会主义建设需要有文化的劳动者,所有劳动者也都需要文化。教育普及了,群众的科学文化水平提高了,发明创造就会多起来。我们在任何时候都要坚持"两条腿走路",做到在普及基础上的提高和在

提高指导下的普及。

> 邓小平：《办教育一要普及二要提高》（1958 年 4
> 月 7 日），《邓小平文选》第 1 卷，人民
> 出版社 1994 年版，第 280 页

我们要继续坚持毛泽东同志提出的文艺为最广大的人民群众、首先为工农兵服务的方向，坚持百花齐放、推陈出新、洋为中用、古为今用的方针，在艺术创作上提倡不同形式和风格的自由发展，在艺术理论上提倡不同观点和学派的自由讨论。

> 邓小平：《在中国文学艺术工作者第四次代表大会
> 上的祝词》（1979 年 10 月 30 日），《邓
> 小平文选》第 2 卷，人民出版社 1994 年
> 版，第 210 页

我国历史悠久，地域辽阔，人口众多，不同民族、不同职业、不同年龄、不同经历和不同教育程度的人们，有多样的生活习俗、文化传统和艺术爱好。雄伟和细腻，严肃和诙谐，抒情和哲理，只要能够使人们得到教育和启发，得到娱乐和美的享受，都应当在我们的文艺园地里占有自己的位置。英雄人物的业绩和普通人们的劳动、斗争和悲欢离合，现代人的生活和古代人的生活，都应当在文艺中得

到反映。我国古代的和外国的文艺作品、表演艺术中一切进步的和优秀的东西，都应当借鉴和学习。

> 邓小平：《在中国文学艺术工作者第四次代表大会上的祝词》（1979年10月30日），《邓小平文选》第2卷，人民出版社1994年版，第210页

人民需要艺术，艺术更需要人民。

> 邓小平：《在中国文学艺术工作者第四次代表大会上的祝词》（1979年10月30日），《邓小平文选》第2卷，人民出版社1994年版，第211页

作品的思想成就和艺术成就，应当由人民来评定。

> 邓小平：《在中国文学艺术工作者第四次代表大会上的祝词》（1979年10月30日），《邓小平文选》第2卷，人民出版社1994年版，第212页

文艺是不可能脱离政治的。任何进步的、革命的文艺工作者都不能不考虑作品的社会影响，不能不考虑人民的利益、国家的利益、党的利益。

> 邓小平：《目前的形势和任务》（1980年1月16日），《邓小平文选》第2卷，人民出版社1994年版，第256页

我们要永远坚持百花齐放、百家争鸣的方针。但是，这不是说百花齐放、百家争鸣可以不利于安定团结的大局。如果说百花齐放、百家争鸣可以不顾安定团结，那就是对于这个方针的误解和滥用。我们实行的是社会主义民主，不是资本主义民主。所以，我们坚持安定团结，坚持四项基本原则，同坚持"双百"方针，是完全一致的。

邓小平：《目前的形势和任务》（1980年1月16日），《邓小平文选》第2卷，人民出版社1994年版，第256页

坚持"双百"方针也离不开批评和自我批评。批评要采取民主的说理的态度，这是必要的，但是决不能把批评看成打棍子，这个问题一定要弄清楚，这关系到培养下一代人的问题。

邓小平：《关于思想战线上的问题的谈话》（1981年7月17日），《邓小平文选》第2卷，人民出版社1994年版，第392页

教育要面向现代化，面向世界，面向未来。

邓小平：《为景山学校题词》（1983年10月1日），《邓小平文选》第3卷，人民出版社1993年版，第35页

我们要向资本主义发达国家学习先进的科学、技术、经营管理方法以及其他一切对我们有益的知识和文化，闭关自守、故步自封是愚蠢的。但是，属于文化领域的东西，一定要用马克思主义对它们的思想内容和表现方法进行分析、鉴别和批判。

> 邓小平：《党在组织战线和思想战线上的迫切任务》（1983年10月12日），《邓小平文选》第3卷，人民出版社1993年版，第44页

思想文化教育卫生部门，都要以社会效益为一切活动的唯一准则，它们所属的企业也要以社会效益为最高准则。思想文化界要多出好的精神产品，要坚决制止坏产品的生产、进口和流传。

> 邓小平：《在中国共产党全国代表会议上的讲话》（1985年9月23日），《邓小平文选》第3卷，人民出版社1993年版，第145页

要两手抓，一手要抓改革开放，一手要抓严厉打击经济犯罪，包括抓思想政治工作。就是两点论。

> 邓小平：《在接见首都戒严部队军以上干部时的讲话》（1989年6月9日），《邓小平文选》第3卷，人民出版社1993年版，第306页

必须坚持为人民服务、为社会主义服务的方向和百花齐放、百家争鸣的方针，繁荣和发展社会主义文化，不允许毒害人民、污染社会和反社会主义的东西泛滥；必须继承和发扬民族优秀文化传统而又充分体现社会主义时代精神，立足本国而又充分吸收世界文化优秀成果，不允许搞民族虚无主义和全盘西化。

江泽民：《当代中国共产党人的庄严使命》（1991年7月1日），《江泽民文选》第1卷，人民出版社2006年版，第158页

不管是哪种社会制度下创造的文明成果，只要是进步的优秀的东西，都应积极学习和运用。对糟粕的东西则应剔除，不能学。我们在学习和借鉴资本主义国家一切好的东西时，当然不能妄自菲薄，不能对社会主义事业缺乏信心。

江泽民：《深刻领会和全面落实邓小平同志的重要谈话精神，把经济建设和改革开放搞得更快更好》（1992年6月9日），《十三大以来重要文献选编》（下），人民出版社1993年版，第2068页

在思想文化教育部门和所有从事精神产品的生产或传播的企事业单位，都必须把社会效益摆在首

位，在这个前提下讲求经济效益，实现社会效益和经济效益的正确结合，多出好的精神产品，而绝不允许"一切向钱看"的错误倾向冲击和危害社会主义精神文明建设，更不允许这种错误倾向泛滥而不受到批评和制止。

> 江泽民：《在毛泽东同志诞辰一百周年纪念大会上的讲话》（1993年12月26日），《江泽民文选》第1卷，人民出版社2006年版，第358页

必须以科学的理论武装人，以正确的舆论引导人，以高尚的精神塑造人，以优秀的作品鼓舞人，不断培养和造就一代又一代有理想、有道德、有文化、有纪律的社会主义新人。

> 江泽民：《在全国宣传思想工作会议上的讲话》（1994年1月24日），《论党的建设》，中央文献出版社2001年版，第125页

弘扬主旋律、提倡多样化，是坚持"二为"方向和"双百"方针的具体体现。

> 江泽民：《在全国宣传思想工作会议上的讲话》（1994年1月24日），《论党的建设》，中央文献出版社2001年版，第134页

弘扬主旋律，就是要在建设有中国特色社会主义的理论和党的基本路线指导下，大力倡导一切有利于发扬爱国主义、集体主义、社会主义的思想和精神，大力倡导一切有利于改革开放和现代化建设的思想和精神，大力倡导一切有利于民族团结、社会进步、人民幸福的思想和精神，大力倡导一切用诚实劳动争取美好生活的思想和精神。

> 江泽民：《在全国宣传思想工作会议上的讲话》（1994年1月24日），《论党的建设》，中央文献出版社2001年版，第134页

要把物质文明建设和精神文明建设作为统一的奋斗目标，始终不渝地坚持两手抓、两手都要硬。任何情况下，都不能以牺牲精神文明为代价去换取经济的一时发展。

> 江泽民：《正确处理社会主义现代化建设中的若干重大关系》（1995年9月28日），《江泽民文选》第1卷，人民出版社2006年版，第474页

学习外国，必须坚持为我所用的方针，进行认真鉴别。对什么东西可以学，什么东西不能学，要做到心里有数。对可以学的东西，也要结合自己的

实际消化吸收,不能囫囵吞枣、生搬硬套,更不能邯郸学步、失其故步。

> 江泽民:《论加强和改进学习》(1999年1月11日),《江泽民文选》第2卷,人民出版社2006年版,第308—309页

坚持教育为社会主义现代化建设服务、为人民服务,坚持教育与社会实践相结合,以提高国民素质为根本宗旨,以培养学生的创新精神和实践能力为重点,努力造就有理想、有道德、有文化、有纪律的,德育、智育、体育、美育等全面发展的社会主义事业建设者和接班人。

> 江泽民:《教育必须以提高国民素质为根本宗旨》(1999年6月15日),《江泽民文选》第2卷,人民出版社2006年版,第332页

要发挥民族地区文化资源的优势,弘扬优秀民族文化,积极发展民族文化产业。

> 江泽民:《扎扎实实搞好西部大开发这项世纪工程》(2000年6月20日),《江泽民文选》第3卷,人民出版社2006年版,第62页

大力发展先进文化，支持健康有益文化，努力改造落后文化，坚决抵制腐朽文化。

> 江泽民：《全面建设小康社会，开创中国特色社会主义事业新局面》（2002年11月8日），《江泽民文选》第3卷，人民出版社2006年版，第559页

坚持一手抓繁荣、一手抓管理，坚持"二为"方向和"双百"方针的有机统一、弘扬主旋律和提倡多样化的有机统一，大力发展先进文化，支持健康有益文化，努力改造落后文化，坚决抵制腐朽文化。

> 胡锦涛：《在全国宣传思想工作会议上的讲话》（2003年12月5日）

要坚持从我国国情出发，坚持以我为主、为我所用，辩证取舍、择善而从，积极吸收借鉴国外文化发展的有益成果，更好地推动我国文化的发展繁荣。

> 胡锦涛：《在十六届中共中央政治局第7次集体学习时的讲话》（2003年8月12日），《人民日报》2003年8月13日

和谐文化既是和谐社会的重要特征,也是实现社会和谐的精神动力。建设和谐文化,是构建社会主义和谐社会的重要任务,也是构建社会主义和谐社会的重要条件。

> 胡锦涛:《在中国文联第八次全国代表大会、中国作协第七次全国代表大会上的讲话》(2006年11月10日),《十六大以来重要文献选编》(下),中央文献出版社2008年版,第753页

要全面贯彻党的文艺方针政策,充分发扬艺术民主和学术民主,坚持社会责任和创作自由的统一、弘扬主旋律和提倡多样化的统一。

> 胡锦涛:《在中国文联第八次全国代表大会、中国作协第七次全国代表大会上的讲话》(2006年11月10日),《十六大以来重要文献选编》(下),中央文献出版社2008年版,第757页

要坚持社会主义先进文化前进方向,兴起社会主义文化建设新高潮,激发全民族文化创造活力,提高国家文化软实力,使人民基本文化权益得到更好保障,使社会文化生活更加丰富多彩,使人民精

神风貌更加昂扬向上。

> 胡锦涛：《高举中国特色社会主义伟大旗帜，为夺取全面建设小康社会新胜利而奋斗》（2007年10月15日），《十七大以来重要文献选编》（上），中央文献出版社2009年版，第26页

积极探索用社会主义核心价值体系引领社会思潮的有效途径，主动做好意识形态工作，既尊重差异、包容多样，又有力抵制各种错误和腐朽思想的影响。

> 胡锦涛：《高举中国特色社会主义伟大旗帜，为夺取全面建设小康社会新胜利而奋斗》（2007年10月15日），《十七大以来重要文献选编》（上），中央文献出版社2009年版，第27页

要全面认识祖国传统文化，取其精华，去其糟粕，使之与当代社会相适应、与现代文明相协调，保持民族性，体现时代性。

> 胡锦涛：《高举中国特色社会主义伟大旗帜，为夺取全面建设小康社会新胜利而奋斗》（2007年10月15日），《十七大以来重

要文献选编》（上），中央文献出版社2009年版，第27页

要坚持为人民服务、为社会主义服务的方向和百花齐放、百家争鸣的方针，贴近实际、贴近生活、贴近群众，始终把社会效益放在首位，做到经济效益与社会效益相统一。

> 胡锦涛：《高举中国特色社会主义伟大旗帜，为夺取全面建设小康社会新胜利而奋斗》（2007年10月15日），《十七大以来重要文献选编》（上），中央文献出版社2009年版，第28页

要充分发挥人民在文化建设中的主体作用，调动广大文化工作者的积极性，更加自觉、更加主动地推动文化大发展大繁荣，在中国特色社会主义的伟大实践中进行文化创造，让人民共享文化发展成果。

> 胡锦涛：《高举中国特色社会主义伟大旗帜，为夺取全面建设小康社会新胜利而奋斗》（2007年10月15日），《十七大以来重要文献选编》（上），中央文献出版社2009年版，第28页

服务人民，就是要坚持以人为本，贴近实际、贴近生活、贴近群众，充分发挥人民主体作用，把人民是否满意作为根本标准，尊重差异、包容多样，努力满足人民多层次、多方面、多样化的精神文化需要，让人民共享文化发展成果，促进人的全面发展。

胡锦涛：《在全国宣传思想工作会议上的讲话》
（2008年1月22日）

我们要坚持解放思想、实事求是、与时俱进，坚持以我国改革开放和现代化建设的实际问题、以我们正在做的事情为中心，着眼于马克思主义理论的运用，着眼于对实际问题的理论思考，着眼于新的实践和新的发展，深入研究和回答重大理论和现实问题，不断把党带领人民创造的成功经验上升为理论，不断赋予当代中国马克思主义鲜明的实践特色、民族特色、时代特色，不断推动当代中国马克思主义大众化，让当代中国马克思主义放射出更加灿烂的真理光芒。

胡锦涛：《在纪念党的十一届三中全会召开30周年大会上的讲话》（2008年12月18日），
《人民日报》2008年12月19日

要坚持"两手抓，两手都要硬"的方针，坚持社会主义先进文化前进方向，促进人的全面发展，交好物质文明建设和精神文明建设两份答卷。

> 胡锦涛：《在深圳经济特区建立30周年庆祝大会上的讲话》（2010年9月6日），《人民日报》2010年9月7日

要坚持发展面向现代化、面向世界、面向未来的，民族的科学的大众的社会主义文化，推动社会主义先进文化更加深入人心，推动社会主义精神文明和物质文明全面发展，不断开创全民族文化创造活力持续迸发、社会文化生活更加丰富多彩、人民基本文化权益得到更好保障、人民思想道德素质和科学文化素质全面提高的新局面，建设中华民族共有精神家园。

> 胡锦涛：《在庆祝中国共产党成立90周年大会上的讲话》（2011年7月1日），《人民日报》2011年7月2日

四、关于建设社会主义核心价值体系

发扬艰苦奋斗、不屈不挠、再接再厉的革命精神。

> 毛泽东：《在纪念孙中山逝世十三周年及追悼抗敌阵亡将士大会上的讲话》（1938年3月12日），《毛泽东文集》第2卷，人民出版社1993年版，第112页

以民族精神教育新后代。

> 毛泽东：《论新阶段》（1938年10月12—14日），《建党以来重要文献选编》第15册，中央文献出版社2011年版，第619页

马克思列宁主义的伟大力量，就在于它是和各个国家具体的革命实践相联系的。对于中国共产党说来，就是要学会把马克思列宁主义的理论应用于

中国的具体的环境。成为伟大中华民族的一部分而和这个民族血肉相联的共产党员，离开中国特点来谈马克思主义，只是抽象的空洞的马克思主义。

> 毛泽东：《中国共产党在民族战争中的地位》（1938年10月14日），《毛泽东选集》第2卷，人民出版社1991年版，第534页

我们大家要学习他毫无自私自利之心的精神。从这点出发，就可以变为大有利于人民的人。一个人能力有大小，但只要有这点精神，就是一个高尚的人，一个纯粹的人，一个有道德的人，一个脱离了低级趣味的人，一个有益于人民的人。

> 毛泽东：《纪念白求恩》（1939年12月21日），《毛泽东选集》第2卷，人民出版社1991年版，第660页

在现时，毫无疑义，应该扩大共产主义思想的宣传，加紧马克思列宁主义的学习，没有这种宣传和学习，不但不能引导中国革命到将来的社会主义阶段上去，而且也不能指导现时的民主革命达到胜利。

> 毛泽东：《新民主主义论》（1940年1月），《毛泽东选集》第2卷，人民出版社1991年版，第706页

中国的革命是伟大的，但革命以后的路程更长，工作更伟大，更艰苦。这一点现在就必须向党内讲明白，务必使同志们继续地保持谦虚、谨慎、不骄、不躁的作风，务必使同志们继续地保持艰苦奋斗的作风。

> 毛泽东：《在中国共产党第七届中央委员会第二次全体会议上的报告》（1949年3月5日），《毛泽东选集》第4卷，人民出版社1991年版，第1438—1439页

自从中国人学会了马克思列宁主义以后，中国人在精神上就由被动转入主动。从这时起，近代世界历史上那种看不起中国人，看不起中国文化的时代应当完结了。伟大的胜利的中国人民解放战争和人民大革命，已经复兴了并正在复兴着伟大的中国人民的文化。

> 毛泽东：《唯心历史观的破产》（1949年9月16日），《毛泽东选集》第4卷，人民出版社1991年版，第1516页

爱祖国，爱人民，爱劳动，爱护公共财产，为全体国民的公德。

> 毛泽东：1949年9月29日为《新华月报》创刊

号题词,《毛泽东题词墨迹选》,人民美术出版社、档案出版社1984年版,第109页

不论是知识分子,还是青年学生,都应该努力学习。除了学习专业之外,在思想上要有所进步,政治上也要有所进步,这就需要学习马克思主义,学习时事政治。没有正确的政治观点,就等于没有灵魂。

> 毛泽东:《关于正确处理人民内部矛盾的问题》(1957年2月27日),《毛泽东文集》第7卷,人民出版社1999年版,第226页

一定要有朝气,一定要有坚强的革命意志,一定要有不怕困难和用百折不挠的意志去克服任何困难的精神,一定要克服个人主义、本位主义、绝对平均主义和自由主义。

> 毛泽东:《一九五七年夏季的形势》(1957年7月),《建国以来毛泽东文稿》第6册,中央文献出版社1992年版,第547页

马克思这些老祖宗的书,必须读,他们的基本原理必须遵守,这是第一。但是,任何国家的共产

党，任何国家的思想界，都要创造新的理论，写出新的著作，产生自己的理论家，来为当前的政治服务，单靠老祖宗是不行的。

> 毛泽东：《读苏联〈政治经济学教科书〉的谈话（节选）》（1959年12月—1960年2月），《毛泽东文集》第8卷，人民出版社1999年版，第109页

我们要教育人民，不是为了个人，而是为了集体，为了后代，为了社会前途而努力奋斗。要使人民有这样的觉悟。

> 毛泽东：《读苏联〈政治经济学教科书〉的谈话（节选）》（1959年12月—1960年2月），《毛泽东文集》第8卷，人民出版社1999年版，第134页

应当强调艰苦奋斗，强调扩大再生产，强调共产主义前途、远景，要用共产主义理想教育人民。

> 毛泽东：《读苏联〈政治经济学教科书〉的谈话（节选）》（1959年12月—1960年2月），《毛泽东文集》第8卷，人民出版社1999年版，第136页

要恢复和发扬我们党和人民的革命传统，培养和树立优良的道德风尚，为建设高度发展的社会主义精神文明做出积极的贡献。

邓小平：《在中国文学艺术工作者第四次代表大会上的祝词》（1979年10月30日），《邓小平文选》第2卷，人民出版社1994年版，第209页

我们一定要在全党和全国范围内有领导、有计划地大力提倡社会主义道德风尚，热爱社会主义祖国，提高民族自尊心，还要进行坚持社会主义道路、反对资本主义腐蚀的革命品质教育。

邓小平：《目前的形势和任务》（1980年1月16日），《邓小平文选》第2卷，人民出版社1994年版，第262页

在长期革命战争中，我们在正确的政治方向指导下，从分析实际情况出发，发扬革命和拼命精神，严守纪律和自我牺牲精神，大公无私和先人后己精神，压倒一切敌人、压倒一切困难的精神，坚持革命乐观主义、排除万难去争取胜利的精神，取得了伟大的胜利。搞社会主义建设，实现四个现代化，同样要在党中央的正确领导下，大大发扬这些精神。

如果一个共产党员没有这些精神，就决不能算是一个合格的共产党员。不但如此，我们还要大声疾呼和以身作则地把这些精神推广到全体人民、全体青少年中间去，使之成为中华人民共和国的精神文明的主要支柱，为世界上一切要求革命、要求进步的人们所向往，也为世界上许多精神空虚、思想苦闷的人们所羡慕。

> 邓小平：《贯彻调整方针，保证安定团结》（1980年12月25日），《邓小平文选》第2卷，人民出版社1994年版，第367—368页

要教育全党同志发扬大公无私、服从大局、艰苦奋斗、廉洁奉公的精神，坚持共产主义思想和共产主义道德。

> 邓小平：《贯彻调整方针，保证安定团结》（1980年12月25日），《邓小平文选》第2卷，人民出版社1994年版，第367页

延安时候我们有什么？物质条件很差，就靠精神文明。靠有理想，靠坚强的信念，什么困难都能克服。在某种情况下，这种精神有决定意义。

> 邓小平：1982年8月10日会见美籍华人科学家邓昌黎、陈树柏、牛满江、葛守仁、聂华

桐等时的谈话,《邓小平年谱(1975—1997)》(下),中央文献出版社2004年版,第838页

中国人民有自己的民族自尊心和自豪感,以热爱祖国、贡献全部力量建设社会主义祖国为最大光荣,以损害社会主义祖国利益、尊严和荣誉为最大耻辱。

邓小平:《中国共产党第十二次全国代表大会开幕词》(1982年9月1日),《邓小平文选》第3卷,人民出版社1993年版,第3页

对马克思主义的信仰,是中国革命胜利的一种精神动力。

邓小平:《建设有中国特色的社会主义》(1984年6月30日),《邓小平文选》第3卷,人民出版社1993年版,第63页

我们建立的社会主义制度是个好制度,必须坚持。我们马克思主义者过去闹革命,就是为社会主义、共产主义崇高理想而奋斗。现在我们搞经济改革,仍然要坚持社会主义道路,坚持共产主义的远大理想,年轻一代尤其要懂得这一点。

邓小平:《政治上发展民主,经济上实行改革》

(1985年4月15日),《邓小平文选》第3卷,人民出版社1993年版,第116页

我们说要有理想,主要是两条。第一条是为共产主义奋斗终生,搞社会主义建设;第二条是爱国主义,就是要使祖国兴旺发达,使中华民族兴旺发达,具体讲就是把社会主义四个现代化搞好。

> 邓小平:1985年7月16日会见美籍华人李政道教授时的谈话,《邓小平年谱(1975—1997)》(下),中央文献出版社2004年版,第1060—1061页

我们现在要建设有中国特色的社会主义,时代和任务不同了,要学习的新知识确实很多,这就更要求我们努力针对新的实际,掌握马克思主义基本理论。因为只有这样,才能提高我们运用它的基本原则基本方法,来积极探索解决新的政治经济社会文化基本问题的本领,既把我们的事业和马克思主义理论本身推向前进,也防止一些同志,特别是一些新上来的中青年同志在日益复杂的斗争中迷失方向。因此,我希望党中央能作出切实可行的决定,使全党的各级干部,首先是领导干部,在繁忙的工作中,仍然有一定的时间学习,熟悉马克思主义的

基本理论，从而加强我们工作中的原则性、系统性、预见性和创造性。只有这样，我们党才能坚持社会主义道路，建设和发展有中国特色的社会主义，一直达到我们的最后目的，实现共产主义。

> 邓小平：《在中国共产党全国代表会议上的讲话》（1985年9月23日），《邓小平文选》第3卷，人民出版社1993年版，第146—147页

最重要的是人的团结，要团结就要有共同的理想和坚定的信念。我们过去几十年艰苦奋斗，就是靠用坚定的信念把人民团结起来，为人民自己的利益而奋斗。没有这样的信念，就没有凝聚力。没有这样的信念，就没有一切。我们共产党人的最高理想是实现共产主义，在不同历史阶段又有代表那个阶段最广大人民利益的奋斗纲领。因此我们才能够团结和动员最广大的人民群众，叫做万众一心。有了这样的团结，任何困难和挫折都能克服。

> 邓小平：《用坚定的信念把人民团结起来》（1986年11月9日），《邓小平文选》第3卷，人民出版社1993年版，第190页

我们要坚持建党几十年来最好时期的传统，就是要艰苦奋斗，谨慎办事，兢兢业业。

邓小平：《十三大的两个特点》（1987年11月16日），《邓小平文选》第3卷，人民出版社1993年版，第259页

我们的国家越发展，越要抓艰苦创业。提倡艰苦创业精神，也有助于克服腐败现象。

邓小平：《在接见首都戒严部队军以上干部时的讲话》（1989年6月9日），《邓小平文选》第3卷，人民出版社1993年版，第306页

要坚持进行爱国主义、集体主义、社会主义思想和共产主义理想的教育，进行近代史、现代史教育和国情教育，增强民族自尊、自信、自强的精神，巩固和发展人民内部平等、团结、友爱、互助的社会主义新型关系，移风易俗，使社会主义思想道德蔚然成风。共产党员、共青团员和一切先进分子，必须努力学习和掌握马克思主义的立场、观点、方法，树立共产主义的崇高理想和世界观、人生观，身体力行共产主义道德。

江泽民：《在庆祝中国共产党成立七十周年大会上的讲话》（1991年7月1日），《十三大

以来重要文献选编》（下），人民出版社
1993年版，第1644—1645页

    伟大的创业实践，需要有伟大的创业精神来支持和鼓舞。解放思想、实事求是，积极探索、勇于创新，艰苦奋斗、知难而进，学习外国、自强不息，谦虚谨慎、不骄不躁，同心同德、顾全大局，勤俭节约、清正廉洁，励精图治、无私奉献，这些都应该成为新时期我们推进现代化建设所要大加倡导和发扬的创业精神。这些精神的核心和精髓，就是邓小平同志所一再倡导和论述的解放思想、实事求是。

江泽民：《在八届全国人大一次会议上的讲话》（1993年3月31日），《江泽民文选》第1卷，人民出版社2006年版，第301页

    要重视引导人们特别是青少年树立正确的理想、信念、世界观、人生观和价值观，反对拜金主义、享乐主义、极端个人主义，抵御资本主义和封建主义腐朽思想的侵蚀。

江泽民：《在全国宣传思想工作会议上的讲话》（1994年1月24日），《论党的建设》，中央文献出版社2001年版，第133页

在全社会形成共同理想和精神支柱，是有中国特色社会主义文化建设的根本。要始终不渝地用邓小平理论教育干部和群众。深入持久地开展以为人民服务为核心、集体主义为原则的社会主义道德教育，加强民主法制教育和纪律教育，引导人们树立正确的世界观、人生观、价值观。大力弘扬爱国主义、集体主义、社会主义和艰苦创业精神。提倡共产主义思想道德，同时把先进性要求和广泛性要求结合起来，鼓励一切有利于国家统一、民族团结、经济发展、社会进步的思想道德。

江泽民：《高举邓小平理论伟大旗帜，把建设有中国特色社会主义事业全面推向二十一世纪》（1997年9月12日），《江泽民文选》第2卷，人民出版社2006年版，第33—34页

抗洪精神，同我们党一贯倡导的革命精神和新时期的创业精神一样，都是我国人民的宝贵精神财富。我们世世代代都要继承和弘扬这些精神，激励我们的广大干部群众不断从胜利走向新的胜利。

江泽民：《在全国抗洪抢险总结表彰大会上的讲话》（1998年9月28日），《江泽民文选》第2卷，人民出版社2006年版，第231页

我国历史上虽然有着伟大而丰富的文明成果和优良的文化传统，但相对说来，全社会的科学精神不足也是一个缺陷。鉴往开来，继承以往的优秀文化，弥补历史的不足，是当代中国人的社会责任。

江泽民：《提高全民族的科学素质》（1999年12月23日），《江泽民文选》第2卷，人民出版社2006年版，第491页

我们坚持马克思主义的指导地位，要特别注意从两个方面加强工作：一是及时总结党和人民在实践中创造的新经验和获得的新认识，有力地回答现实生活提出的、干部群众关心的重大思想理论问题；二是善于运用马克思主义观点同各种错误观点进行积极斗争，帮助广大干部群众树立和坚定正确的思想理论认识。

江泽民：《在中央思想政治工作会议上的讲话》（2000年6月28日），《江泽民文选》第3卷，人民出版社2006年版，第86—87页

理想信念教育，是党的思想政治工作的核心内容。只有在全党同志和全体人民中牢固确立正确的理想信念，才能不断增加凝聚力和战斗力，我们的事业才能不断取得成功。

江泽民：《在中央思想政治工作会议上的讲话》

（2000年6月28日），《江泽民文选》第3卷，人民出版社2006年版，第89页

社会主义道德建设要以马克思列宁主义、毛泽东思想、邓小平理论为指导，以为人民服务为核心，以集体主义为原则，以爱祖国、爱人民、爱劳动、爱科学、爱社会主义为基本要求，以社会公德、职业道德和家庭美德的建设为落脚点。

江泽民：《在中央思想政治工作会议上的讲话》（2000年6月28日），《江泽民文选》第3卷，人民出版社2006年版，第92页

加强社会主义思想道德建设，是发展先进文化的重要内容和中心环节。必须认识到，如果只讲物质利益，只讲金钱，不讲理想，不讲道德，人们就会失去共同的奋斗目标，失去行为的正确规范。要把依法治国同以德治国结合起来，为社会保持良好的秩序和风尚营造高尚的思想道德基础。

江泽民：《在庆祝中国共产党成立八十周年大会上的讲话》（2001年7月1日），《江泽民文选》第3卷，人民出版社2006年版，第278页

全党同志既要树立共产主义的远大理想,坚定信念,以高尚的思想道德要求和鞭策自己,更要脚踏实地地为实现党在现阶段的基本纲领而不懈努力,扎扎实实地做好现阶段的每一项工作。忘记远大理想而只顾眼前,就会失去前进方向;离开现实工作而空谈远大理想,就会脱离实际。

> 江泽民:《在庆祝中国共产党成立八十周年大会上的讲话》(2001年7月1日),《江泽民文选》第3卷,人民出版社2006年版,第293页

在五千多年的发展中,中华民族形成了以爱国主义为核心的团结统一、爱好和平、勤劳勇敢、自强不息的伟大民族精神。我们党领导人民在长期实践中不断结合时代和社会的发展要求,丰富着这个民族精神。面对世界范围各种思想文化的相互激荡,必须把弘扬和培育民族精神作为文化建设极为重要的任务,纳入国民教育全过程,纳入精神文明建设全过程,使全体人民始终保持昂扬向上的精神状态。

> 江泽民:《全面建设小康社会,开创中国特色社会主义事业新局面》(2002年11月8日),《江泽民文选》第3卷,人民出版社2006年版,第559—560页

要建立与社会主义市场经济相适应、与社会主义法律规范相协调、与中华民族传统美德相承接的社会主义思想道德体系。

> 江泽民：《全面建设小康社会，开创中国特色社会主义事业新局面》（2002年11月8日），《江泽民文选》第3卷，人民出版社2006年版，第560页

爱国主义是民族精神的核心。高扬爱国主义精神，是最大限度地凝聚和动员全民族的力量为振兴中华而奋斗的必然要求。在当代中国，爱国主义同社会主义是紧密结合的。要在爱国主义、社会主义旗帜下，倡导一切有利于民族团结、祖国统一、人心凝聚的思想和精神，倡导一切有利于国家富强、社会进步、人民幸福的思想和精神，倡导一切用诚实劳动创造美好生活的思想和精神，把包括知识分子在内的工人阶级、广大农民以及社会各阶层人们的智慧和力量，都凝聚到全面建设小康社会的实践中来，不断增强中华民族的凝聚力。

> 胡锦涛：《在全国宣传思想工作会议上的讲话》（2003年12月5日）

思想政治工作的核心是理想信念教育，基础是思想道德建设。要深入开展党的基本理论、基本路

线、基本纲领和基本经验教育，深入开展中国革命、建设和改革的历史教育和国情教育，在全社会认真提倡社会主义、共产主义思想道德，引导广大干部群众正确认识社会发展规律，正确认识国家的前途和命运，澄清在社会主义问题上的错误观点和模糊认识，树立正确的世界观、人生观和价值观，不断坚定建设中国特色社会主义的理想信念。

胡锦涛：《在全国宣传思想工作会议上的讲话》
（2003 年 12 月 5 日）

要教育广大干部群众特别是广大青少年树立社会主义荣辱观，坚持以热爱祖国为荣、以危害祖国为耻，以服务人民为荣、以背离人民为耻，以崇尚科学为荣、以愚昧无知为耻，以辛勤劳动为荣、以好逸恶劳为耻，以团结互助为荣、以损人利己为耻，以诚实守信为荣、以见利忘义为耻，以遵纪守法为荣、以违法乱纪为耻，以艰苦奋斗为荣、以骄奢淫逸为耻。

胡锦涛：《牢固树立社会主义荣辱观》（2006 年 3 月
4 日），《人民日报》2006 年 4 月 28 日

我们要牢牢把握社会主义先进文化的前进方向，

建设社会主义核心价值体系，弘扬民族优秀文化传统，发掘民族和谐文化资源，借鉴人类有益文明成果，倡导和谐理念，培育和谐精神，营造和谐氛围，进一步形成全社会共同的理想信念和道德规范，打牢全党全国各族人民团结奋斗的思想道德基础。

>胡锦涛：《在中国文联第八次全国代表大会、中国作协第七次全国代表大会上的讲话》（2006年11月10日），《十六大以来重要文献选编》（下），中央文献出版社2008年版，第753页

社会主义核心价值体系是社会主义意识形态的本质体现。要巩固马克思主义指导地位，坚持不懈地用马克思主义中国化最新成果武装全党、教育人民，用中国特色社会主义共同理想凝聚力量，用以爱国主义为核心的民族精神和以改革创新为核心的时代精神鼓舞斗志，用社会主义荣辱观引领风尚，巩固全党全国各族人民团结奋斗的共同思想基础。

>胡锦涛：《高举中国特色社会主义伟大旗帜，为夺取全面建设小康社会新胜利而奋斗》（2007年10月15日），《十七大以来重要文献选编》（上），中央文献出版社2009年版，第26页

大力弘扬爱国主义、集体主义、社会主义思想，以增强诚信意识为重点，加强社会公德、职业道德、家庭美德、个人品德建设，发挥道德模范榜样作用，引导人们自觉履行法定义务、社会责任、家庭责任。加强和改进思想政治工作，注重人文关怀和心理疏导，用正确方式处理人际关系。

> 胡锦涛：《高举中国特色社会主义伟大旗帜，为夺取全面建设小康社会新胜利而奋斗》（2007年10月15日），《十七大以来重要文献选编》（上），中央文献出版社2009年版，第27页

弘扬中华文化，建设中华民族共有精神家园。

> 胡锦涛：《高举中国特色社会主义伟大旗帜，为夺取全面建设小康社会新胜利而奋斗》（2007年10月15日），《十七大以来重要文献选编》（上），中央文献出版社2009年版，第27页

要坚持马克思主义与时俱进的理论品质，深入实施马克思主义理论研究和建设工程，深化对中国特色社会主义理论体系的研究，繁荣发展哲学社会科学，及时总结党带领人民创造的新鲜经验，以重大现实问

题为主攻方向推进理论创新，不断赋予当代中国马克思主义鲜明的实践特色、民族特色、时代特色。

胡锦涛：《在全国宣传思想工作会议上的讲话》
(2008年1月22日)

必须在中国特色社会主义理论体系指引下，把建设社会主义核心价值体系作为长期的战略任务和现实的紧迫工作切实抓紧抓好。要深入持久地开展社会主义核心价值体系宣传教育，把社会主义核心价值体系融入国民教育和精神文明建设全过程，把社会主义核心价值体系的要求贯穿到媒体传播之中，落实到精神文化产品创作生产之中，融会到日常工作生活之中，体现到政策法规制定和社会管理之中，使之转化为人民的自觉追求。

胡锦涛：《在全国宣传思想工作会议上的讲话》
(2008年1月22日)

我们同各种敌对势力在意识形态领域的斗争，本质上是社会主义价值体系和资本主义价值体系的较量。要把十三亿人民团结起来，万众一心推进中国特色社会主义事业，就必须大力推进社会主义核心价值体系建设，在全社会形成共同理想信念、强大精神力量、良好道德风尚，更好地凝魂聚气、强基固本。我们要紧紧抓住树立理想信念这个根本，坚持不懈地用中国特色社会主义理论体系武装全党、教育人民，推动当代中国马克思主义大众化，不断巩固马克思主义在意识形态领域的指导地位，不断巩固中国特色社会主义共同理想，不断巩固全党全国各族人民团结奋斗的共同思想基础。

胡锦涛：《在中共十七届三中全会第二次全体会议上的讲话》（2008 年 10 月 12 日）

改革创新精神是改革开放培育造就的伟大精神，也是推进改革开放须臾不可缺少的奋斗精神。只有锐意改革、不懈创新，才能不断开拓事业发展的广阔前景，才能使我们的国家、我们的民族、我们的党不断增添发展进步的蓬勃活力。

胡锦涛：《在庆祝神舟七号载人航天飞行圆满成功大会上的讲话》（2008 年 11 月 7 日），《人民日报》2008 年 11 月 8 日

社会主义核心价值体系是我国指导思想、共同理想、民族精神、道德观念的集中体现，是社会主义精神文明建设的基本内容。建设社会主义核心价

值体系，形成全民族奋发向上的精神力量、团结和睦的精神纽带，是增强民族凝聚力和国家软实力的客观需要。

> 胡锦涛：《在纪念中国科协成立50周年大会上的讲话》（2008年12月15日），《人民日报》2008年12月16日

要大力学习实践中国特色社会主义理论体系，深入开展社会主义核心价值体系宣传教育，弘扬社会主义先进文化，增强各族人民对伟大祖国的认同、对中华民族的认同、对中华文化的认同、对中国特色社会主义道路的认同，打牢民族团结的思想基础。

> 胡锦涛：《深入贯彻落实科学发展观，努力推进新疆跨越式发展和长治久安》（2010年5月17日），《十七大以来重要文献选编》（中），中央文献出版社2011年版，第691页

要引导广大文化工作者和文化单位自觉践行社会主义核心价值体系，坚持社会主义先进文化前进方向，坚决抵制庸俗、低俗、媚俗之风。

> 胡锦涛：《在十七届中共中央政治局第22次集体学习时的讲话》（2010年7月23日），《人民日报》2010年7月24日

发展社会主义先进文化，必须把社会主义核心价值体系建设融入国民教育、精神文明建设和党的建设全过程。

> 胡锦涛：《在庆祝中国共产党成立90周年大会上的讲话》（2011年7月1日），《人民日报》2011年7月2日

五、关于繁荣发展文化事业和文化产业

我们不但要把一个政治上受压迫、经济上受剥削的中国,变为一个政治上自由和经济上繁荣的中国,而且要把一个被旧文化统治因而愚昧落后的中国,变为一个被新文化统治因而文明先进的中国。一句话,我们要建立一个新中国。建立中华民族的新文化,这就是我们在文化领域中的目的。

> 毛泽东:《新民主主义论》(1940 年 1 月),《毛泽东选集》第 2 卷,人民出版社 1991 年版,第 663 页

专制主义者利于人民愚昧,我们则利于人民聪明,我们要使一切人民都能逐渐地离开愚昧状态与不卫生的状态。各地政府与党组织,均应将报纸、

学校、艺术、卫生四项文教工作，放在自己的日程里面。

  毛泽东：《一九四五年的任务》（1944 年 12 月 15 日），《毛泽东文集》第 3 卷，人民出版社 1996 年版，第 241 页

  办好报纸，把报纸办得引人入胜，在报纸上正确地宣传党的方针政策，通过报纸加强党和群众的联系，这是党的工作中的一项不可小看的、有重大原则意义的问题。

  毛泽东：《对晋绥日报编辑人员的谈话》（1948 年 4 月 2 日），《毛泽东选集》第 4 卷，人民出版社 1991 年版，第 1319 页

  在革命胜利以后，我们的任务主要地就是发展生产和发展文化教育。人民革命的胜利和人民政权的建立，给人民的文化教育和人民的文学艺术开辟了发展的道路。

  毛泽东：《中共中央给中华全国文学艺术工作者代表大会的贺电》（1949 年 7 月 1 日），《毛泽东文艺论集》，中央文献出版社 2002 年版，第 129—130 页

随着经济建设的高潮的到来，不可避免地将要出现一个文化建设的高潮。中国人被人认为不文明的时代已经过去了，我们将以一个具有高度文化的民族出现于世界。

> 毛泽东：《中国人从此站立起来了》（1949年9月21日），《毛泽东文集》第5卷，人民出版社1996年版，第345页

领导全国人民克服一切困难，进行大规模的经济建设和文化建设，扫除旧中国所留下来的贫困和愚昧，逐步地改善人民的物质生活和提高人民的文化生活。

> 毛泽东：《中国人民大团结万岁》（1949年9月30日），《毛泽东文集》第5卷，人民出版社1996年版，第348页

全党都要注意思想理论工作，建立马克思主义的理论队伍，加强马克思主义理论的研究和宣传。要运用马克思主义的对立统一学说，观察和处理社会主义社会阶级矛盾和阶级斗争的新问题，观察和处理国际斗争中的新问题。

> 毛泽东：《在省市自治区党委书记会议上的讲话》（1957年1月27日），《毛泽东文集》第

7卷，人民出版社1999年版，第200—201页

搞新闻工作，要政治家办报。

  毛泽东：《要政治家办报》（1959年6月），《毛泽东新闻工作文选》，新华出版社1983年版，第216页

只讲个人消费，不讲社会的消费，不讲公共的文化福利事业。这是一种片面性。

  毛泽东：1959年12月15日读苏联《政治经济学教科书》的谈话

我们国家要赶上世界先进水平，从何着手呢？我想，要从科学和教育着手。科学当然包括社会科学。

  邓小平：《关于科学和教育工作的几点意见》（1977年8月8日），《邓小平文选》第2卷，人民出版社1994年版，第48页

文化也是一门行业，一个领域，这个领域是为劳动者服务的行业。随着生产的发展，精神方面的需要就增大了。

  邓小平：1978年8月19日听取文化部清查运动和

工作情况汇报时的谈话,《邓小平年谱（1975—1997）》（上）,中央文献出版社2004年版,第361页

深入研究中国实现四个现代化所遇到的新情况、新问题,并且作出有重大指导意义的答案,这将是我们思想理论工作者对马克思主义的重大贡献,对毛泽东思想旗帜的真正高举。当然这决不是说,凡是同实现四个现代化没有直接关系的思想理论问题就可以不去认真深入地研究。哲学、社会科学同自然科学一样,决不能忽视基础理论的研究,这些研究是理论工作的任何巨大前进所不可缺少的。

邓小平:《坚持四项基本原则》（1979年3月30日）,《邓小平文选》第2卷,人民出版社1994年版,第179页

不论是对于满足人民精神生活多方面的需要,对于培养社会主义新人,对于提高整个社会的思想、文化、道德水平,文艺工作都负有其他部门所不能代替的重要责任。

邓小平:《在中国文学艺术工作者第四次代表大会上的祝词》（1979年10月30日）,《邓小平文选》第2卷,人民出版社1994年版,第209页

我们的社会主义文艺，要通过有血有肉、生动感人的艺术形象，真实地反映丰富的社会生活，反映人们在各种社会关系中的本质，表现时代前进的要求和历史发展的趋势，并且努力用社会主义思想教育人民，给他们以积极进取、奋发图强的精神。

> 邓小平：《在中国文学艺术工作者第四次代表大会上的祝词》（1979年10月30日），《邓小平文选》第2卷，人民出版社1994年版，第210页

要使我们党的报刊成为全国安定团结的思想上的中心。报刊、广播、电视都要把促进安定团结，提高青年的社会主义觉悟，作为自己的一项经常性的、基本的任务。

> 邓小平：《目前的形势和任务》（1980年1月16日），《邓小平文选》第2卷，人民出版社1994年版，第255页

文艺工作对人民特别是青年的思想倾向有很大影响，对社会的安定团结有很大影响。我们衷心地希望，文艺界所有的同志，以及从事教育、新闻、理论工作和其他意识形态工作的同志，都经常地、自觉地以大局为重，为提高人民和青年的社会主义

觉悟奋斗不懈。

> 邓小平:《目前的形势和任务》(1980年1月16日),《邓小平文选》第2卷,人民出版社1994年版,第256页

把社会主义精神文明建设,作为一个重大任务长期抓下去。教育、科学、文学、艺术、卫生、体育都是社会主义精神文明的重要方面。

> 邓小平:1982年4月3日同胡乔木、邓力群的谈话,《邓小平年谱(1975—1997)》(下),中央文献出版社2004年版,第810—811页

巩固和扩展社会主义思想文化阵地,是发展少数民族和民族地区文化事业的根本任务。要弘扬各民族的优秀文化传统,同时要加强各民族之间的文化交流,继续搞好民族地区特别是乡村文化活动设施的建设和管理。文化工作者要坚持深入基层为少数民族群众服务。要保障各民族使用和发展本民族语言文字的自由。进一步做好民族语言文字的广播电视和新闻出版工作,不断提高边远民族地区的广播电视覆盖率。

> 江泽民:《论民族工作》(1992年1月14日),

《江泽民文选》第 1 卷，人民出版社
2006 年版，第 186 页

要认真研究在改革开放和发展社会主义市场经济的条件下，人民群众在精神文化需求方面发生的变化和发展趋势，努力创造更多更好的精神产品，不断满足人民群众日益增长的精神文化需求。

江泽民：《关于宣传思想工作的宗旨和几点希望》（1993 年 1 月 15 日），《毛泽东邓小平江泽民论世界观人生观价值观》，人民出版社 1997 年版，第 480 页

弘扬主旋律，使我们的精神产品符合人民的利益，促进社会的进步，不断满足人民群众日益增长的精神文化需求，这是发展宣传文化事业、繁荣社会主义文化市场的主题。

江泽民：《在全国宣传思想工作会议上的讲话》（1994 年 1 月 24 日），《论党的建设》，中央文献出版社 2001 年版，第 134 页

弘扬民族艺术，振奋民族精神，是向广大群众特别是青少年进行爱国主义教育的重要内容，是建设社会主义精神文明的重要内容，是发展社会主

文化事业的迫切要求。

> 江泽民:《在纪念梅兰芳、周信芳诞辰100周年座谈会上的讲话》(1994年12月27日),《人民日报》1995年5月23日

发展教育和科学,是文化建设的基础工程。

> 江泽民:《高举邓小平理论伟大旗帜,把建设有中国特色社会主义事业全面推向二十一世纪》(1997年9月12日),《江泽民文选》第2卷,人民出版社2006年版,第34页

一手抓繁荣,一手抓管理,促进文化市场健康发展。加强文化基础设施建设。重视科学、历史、文化的遗产和革命文物的保护。积极推进卫生体育事业的改革和发展。提倡健康文明的生活方式,不断提高群众精神文化生活的质量。

> 江泽民:《高举邓小平理论伟大旗帜,把建设有中国特色社会主义事业全面推向二十一世纪》(1997年9月12日),《江泽民文选》第2卷,人民出版社2006年版,第35页

科学知识、科学思想、科学方法和科学精神，可以引导人们奋发图强、积极向上，促进人们实事求是地创造性地进行社会实践活动。要把科普工作作为实施科教兴国战略的重要任务和社会主义精神文明建设的重要内容，切实加强起来，在全社会大力弘扬科学精神、宣传科学思想、传播科学方法，使中华民族的科学文化水平不断提高。

> 江泽民：《致全国科普工作会议的信》（1999年12月9日），《江泽民论有中国特色社会主义（专题摘编）》，中央文献出版社2002年版，第269页

经济体制的变革和社会生活的多样化，对外开放和信息化进程的加快，必然会对人们的思想观念产生深刻影响，也必然会带来各种思想文化的相互渗透。文化建设一定要把握时代精神，坚持正确方向，针对人们工作、学习、生活和休闲方式的新变化，充分利用多种形式特别是广播影视、互联网等现代传媒手段，努力巩固和拓展社会主义文化阵地，形成健康向上的舆论环境、文明和谐的社会氛围和丰富多彩的文化生活。

> 江泽民：《当前经济工作需要把握的几个问题》（2000年11月28日），《论社会主义市场经济》，中央文献出版社2006年版，第573页

文艺是民族精神的火炬，是人民奋进的号角。在培育和弘扬民族精神方面，文艺可以发挥独特的重要作用。

> 江泽民：《文艺是民族精神的火炬》（2001年12月18日），《江泽民文选》第3卷，人民出版社2006年版，第401页

哲学社会科学建设，是社会主义精神文明建设的重要组成部分，又是为推进社会主义社会物质文明、政治文明、精神文明建设服务的。我们不仅要大力发展自然科学，而且要大力发展哲学社会科学，并用这些方面的知识来全面提高全体人民的思想道德素质和科学文化素质。

> 江泽民：《必须高度重视哲学社会科学的发展》（2002年7月16日），《江泽民文选》第3卷，人民出版社2006年版，第491页

无论是群众体育还是竞技体育，都要坚持正确的方向，促进人们形成健康、科学、文明的生活方式，培养高尚情趣，提高生活质量。

> 江泽民：《体育是关系人民健康的大事》（2002年8月23日），《江泽民文选》第3卷，人民出版社2006年版，第498页

国家支持和保障文化公益事业，并鼓励它们增强自身发展活力。坚持和完善支持文化公益事业发展的政策措施，扶持党和国家重要的新闻媒体和社会科学研究机构，扶持体现民族特色和国家水准的重大文化项目和艺术院团，扶持对重要文化遗产和优秀民间艺术的保护工作，扶持老少边穷地区和中西部地区的文化发展。

> 江泽民：《全面建设小康社会，开创中国特色社会主义事业新局面》（2002年11月8日），《江泽民文选》第3卷，人民出版社2006年版，第561页

发展文化产业是市场经济条件下繁荣社会主义文化、满足人民群众精神文化需求的重要途径。完善文化产业政策，支持文化产业发展，增强我国文化产业的整体实力和竞争力。

> 江泽民：《全面建设小康社会，开创中国特色社会主义事业新局面》（2002年11月8日），《江泽民文选》第3卷，人民出版社2006年版，第561页

大力发展文化事业和文化产业，为人民群众提供更多更好的文化产品和文化服务，满足人民群众

日益增长的精神文化需求,提高全社会的文化生活质量,是宣传文化部门担负的重要任务。

胡锦涛:《在全国宣传思想工作会议上的讲话》
(2003年12月5日)

要牢牢把握文化发展的正确方向,积极推动文化创新,大力发展文化事业和文化产业,为广大人民群众提供更多更好的精神文化产品,充分发挥文化启迪思想、陶冶情操、传授知识、鼓舞人心的积极作用。

胡锦涛:《牢固树立社会主义荣辱观》(2006年3月
4日),《人民日报》2006年4月28日

要提高网络文化产品和服务的供给能力,提高网络文化产业的规模化、专业化水平,把博大精深的中华文化作为网络文化的重要源泉,推动我国优秀文化产品的数字化、网络化,加强高品位文化信息的传播,努力形成一批具有中国气派、体现时代精神、品位高雅的网络文化品牌,推动网络文化发挥滋润心灵、陶冶情操、愉悦身心的作用。

胡锦涛:《在十六届中共中央政治局第38次集体
学习时的讲话》(2007年1月23日),
《人民日报》2007年1月25日

要积极发展新闻出版、广播影视、文学艺术事业，坚持正确导向，弘扬社会正气。重视城乡、区域文化协调发展，着力丰富农村、偏远地区、进城务工人员的精神文化生活。

> 胡锦涛：《高举中国特色社会主义伟大旗帜，为夺取全面建设小康社会新胜利而奋斗》（2007年10月15日），《十七大以来重要文献选编》（上），中央文献出版社2009年版，第27页

繁荣发展哲学社会科学，推进学科体系、学术观点、科研方法创新，鼓励哲学社会科学界为党和人民事业发挥思想库作用，推动我国哲学社会科学优秀成果和优秀人才走向世界。

> 胡锦涛：《高举中国特色社会主义伟大旗帜，为夺取全面建设小康社会新胜利而奋斗》（2007年10月15日），《十七大以来重要文献选编》（上），中央文献出版社2009年版，第27页

要高度重视网络文化建设，加强对互联网、手机短信等新兴媒体的应用和管理，支持重点新闻网站建设，提高网络文化产品和服务供给能力，主动

引导网上舆论，有效防范和遏制有害信息传播，努力使互联网成为传播社会主义先进文化的前沿阵地、提供公共文化服务的有效平台、促进人们精神文化生活健康发展的广阔空间。

胡锦涛：《在全国宣传思想工作会议上的讲话》
（2008 年 1 月 22 日）

要从现阶段经济社会发展水平出发，坚持基本公共服务均等化原则，把建设的重心放在基层和农村。要以大型公共文化设施为骨干，以社区和乡镇基层文化设施为基础，优先安排关系人民切身利益的文化项目，充分发挥现有文化设施的作用，形成实用、便捷、高效的公共文化服务网络。

胡锦涛：《在全国宣传思想工作会议上的讲话》
（2008 年 1 月 22 日）

必须统筹国内国际两个大局，把加强对外宣传作为关系国家发展全局的战略任务抓紧抓好，努力展示民主进步、文明开放的国家形象，营造客观友善、于我有利的国际舆论环境，增强中华文化的国际影响力。

胡锦涛：《在全国宣传思想工作会议上的讲话》
（2008 年 1 月 22 日）

要把满足人民日益增长的文化需求作为扩大内需的重要组成部分，积极推进广播影视、新闻出版等领域重大文化建设项目和产品创新，发展健康向上、形式多样、群众喜闻乐见的文化产品和服务，健全文化市场体系，发展新型业态，充分发挥文化事业和文化产业拉动消费、促进和谐、增强信心的重要作用。

胡锦涛：《在中央经济工作会议上的讲话》（2009年12月5日）

要加快公共文化服务体系建设，坚持把发展公益性文化事业作为保障人民基本文化权益的主要途径，构建覆盖全社会的公共文化服务体系，优先安排涉及群众切身利益的文化建设项目，抓好重点文化惠民工程，建设基本文化设施，开展各种形式的文化下乡活动，提高基层公共文化服务供给能力，满足群众基本文化需求。

胡锦涛：《在省部级主要领导干部深入贯彻落实科学发展观加快经济发展方式转变专题研讨班上的讲话》（2010年2月3日），《十七大以来重要文献选编》（中），中央文献出版社2011年版，第466页

要加快发展经营性文化产业，实施重大文化产业项目带动战略，加快文化产业基地和区域性特色文化产业群建设，打造有自主知识产权、有市场影响的文化品牌，培育新的文化业态，着力构建传输快捷、覆盖广泛的文化传播体系，培育一批有实力、有竞争力的文化骨干企业和一批战略投资者，壮大我国文化产业整体实力。

> 胡锦涛：《在省部级主要领导干部深入贯彻落实科学发展观加快经济发展方式转变专题研讨班上的讲话》（2010年2月3日），《十七大以来重要文献选编》（中），中央文献出版社2011年版，第466页

要加快开拓文化市场，建立健全门类齐全的文化产品市场和文化要素市场，繁荣城乡文化市场，加快培育大众性文化消费市场，创新文化产品和服务，加强对外文化交流和对外文化贸易，推动文化产品和服务出口，拓展国际文化市场，增强中华文化在国际上的竞争力和影响力。

> 胡锦涛：《在省部级主要领导干部深入贯彻落实科学发展观加快经济发展方式转变专题研讨班上的讲话》（2010年2月3日），《十七大以来重要文献选编》（中），中央文献出版社2011年版，第466—467页

当前和今后一个时期,要重点抓好以下几项工作。一是要加快文化体制机制改革创新,按照创新体制、转换机制、面向市场、增强活力的要求,加快经营性文化单位转企改制,稳步推进公益性文化事业单位改革,构建统一开放竞争有序的现代文化市场体系,加快推进文化管理体制改革。二是要加快构建公共文化服务体系,按照体现公益性、基本性、均等性、便利性的要求,坚持政府主导,加大投入力度,推进重点文化惠民工程,加强公共文化基础设施建设,促进基本公共文化服务均等化。三是要加快发展文化产业,认真落实文化产业振兴规划,精心实施重大文化产业项目带动战略,推进文化产业结构调整,培育新的文化业态,提高文化产业规模化、集约化、专业化水平。要精心打造中华民族文化品牌,提高我国文化产业国际竞争力,推动中华文化走向世界。四是要加强对文化产品创作生产的引导,真正从群众需要出发,继承和发扬中华文化优良传统,吸收借鉴世界有益文化成果,推出更多深受群众喜爱、思想性艺术性观赏性相统一的精品力作。

> 胡锦涛:《在十七届中共中央政治局第 22 次集体学习时的讲话》(2010 年 7 月 23 日),《人民日报》2010 年 7 月 24 日

要着眼于推动中华文化走向世界，形成与我国国际地位相对称的文化软实力，提高中华文化国际影响力。

胡锦涛：《在庆祝中国共产党成立90周年大会上的讲话》（2011年7月1日），《人民日报》2011年7月2日

六、关于文化创新和
文化体制改革

实践是发展的,理论也应是发展的。
> 毛泽东:《读米丁等著沈志远译〈辩证唯物论与历史唯物论〉(上册)一书的批注》(1937年7月以前),《毛泽东哲学批注集》,中央文献出版社1988年版,第144页

洋八股必须废止,空洞抽象的调头必须少唱,教条主义必须休息,而代之以新鲜活泼的、为中国老百姓所喜闻乐见的中国作风和中国气派。
> 毛泽东:《中国共产党在民族战争中的地位》(1938年10月14日),《毛泽东选集》第2卷,人民出版社1991年版,第534页

要使革命精神获得发展，必须抛弃党八股，采取生动活泼新鲜有力的马克思列宁主义的文风。

> 毛泽东：《反对党八股》（1942年2月8日），《毛泽东选集》第3卷，人民出版社1991年版，第840页

一切种类的文学艺术的源泉究竟是从何而来的呢？作为观念形态的文艺作品，都是一定的社会生活在人类头脑中的反映的产物。革命的文艺，则是人民生活在革命作家头脑中的反映的产物。人民生活中本来存在着文学艺术原料的矿藏，这是自然形态的东西，是粗糙的东西，但也是最生动、最丰富、最基本的东西；在这点上说，它们使一切文学艺术相形见绌，它们是一切文学艺术的取之不尽、用之不竭的唯一的源泉。

> 毛泽东：《在延安文艺座谈会上的讲话》（1942年5月），《毛泽东选集》第3卷，人民出版社1991年版，第860页

必须到群众中去，必须长期地无条件地全心全意地到工农兵群众中去，到火热的斗争中去，到唯一的最广大最丰富的源泉中去，观察、体验、研究、分析一切人，一切阶级，一切群众，一切生动的生

活形式和斗争形式，一切文学和艺术的原始材料，然后才有可能进入创作过程。

> 毛泽东：《在延安文艺座谈会上的讲话》（1942年5月），《毛泽东选集》第3卷，人民出版社1991年版，第860—861页

百花齐放，推陈出新。

> 毛泽东：《为中国戏曲研究院题词》（1951年），《毛泽东文艺论集》，中央文献出版社2002年版，第135页

中国这样大的国家，应该"标新立异"，但是，应该是为群众所欢迎的标新立异。为群众所欢迎的标新立异，越多越好，不要雷同。雷同就成为八股。

> 毛泽东：《同音乐工作者的谈话》（1956年8月24日），《毛泽东文集》第7卷，人民出版社1999年版，第80页

应该学习外国的长处，来整理中国的，创造出中国自己的、有独特的民族风格的东西。

> 毛泽东：《同音乐工作者的谈话》（1956年8月24日），《毛泽东文集》第7卷，人民出版社1999年版，第83页

马克思主义一定要向前发展，要随着实践的发展而发展，不能停滞不前。停止了，老是那么一套，它就没有生命了。

> 毛泽东：《在中国共产党全国宣传工作会议上的讲话》（1957年3月12日），《毛泽东文集》第7卷，人民出版社1999年版，第281页

移风易俗，改造国家。

> 毛泽东：《对全国农业发展纲要草案修改稿的批语和修改》（1957年10月12日），《建国以来毛泽东文稿》第6册，中央文献出版社1992年版，第606页

经济有变化，反映经济之政教亦将有变化，文事亦将有变化。一成不变之事，将不可能。

> 毛泽东：《读〈柳文指要·跋〉的批注》（1965年8月）

采用旧形式反映新内容的方法也是必要的，因旧形式在民间具有根深蒂固的潜势力，深为群众所喜爱，且其本身亦有可利用的价值。但采用旧形式必须以表现现实内容为主，方法则应是批判的有选

择的利用。

> 邓小平：《一二九师文化工作的方针任务及其努力方向》（1941年5月），《邓小平文选》第1卷，人民出版社1994年版，第27页

世界上的事物是变化多端的，社会是越发展越复杂，没有"百花齐放、百家争鸣"，我们的思想就会简单化，就跟不上世事、社会的发展变化。

> 邓小平：《在甘肃省、兰州市干部会议上的报告》（1957年4月5日），《邓小平年谱（1904—1974）》（下），中央文献出版社2009年版，第1354页

一个党，一个国家，一个民族，如果一切从本本出发，思想僵化，迷信盛行，那它就不能前进，它的生机就停止了，就要亡党亡国。

> 邓小平：《解放思想，实事求是，团结一致向前看》（1978年12月13日），《邓小平文选》第2卷，人民出版社1994年版，第143页

文艺的路子要越走越宽，在正确的创作思想的指导下，文艺题材和表现手法要日益丰富多彩，敢

于创新。要防止和克服单调刻板、机械划一的公式化概念化倾向。

> 邓小平：《在中国文学艺术工作者第四次代表大会上的祝词》（1979年10月30日），《邓小平文选》第2卷，人民出版社1994年版，第211页

文艺工作者还要不断丰富和提高自己的艺术表现能力。所有文艺工作者，都应当认真钻研、吸收、融化和发展古今中外艺术技巧中一切好的东西，创造出具有民族风格和时代特色的完美的艺术形式。

> 邓小平：《在中国文学艺术工作者第四次代表大会上的祝词》（1979年10月30日），《邓小平文选》第2卷，人民出版社1994年版，第212页

文艺这种复杂的精神劳动，非常需要文艺家发挥个人的创造精神。

> 邓小平：《在中国文学艺术工作者第四次代表大会上的祝词》（1979年10月30日），《邓小平文选》第2卷，人民出版社1994年版，第213页

改革是全面的改革,包括经济体制改革、政治体制改革和相应的其他各个领域的改革。

> 邓小平:《改革的步子要加快》(1987年6月12日),《邓小平文选》第3卷,人民出版社1993年版,第237页

积极推进文化体制改革,完善文化事业的有关经济政策,繁荣社会主义文化。

> 江泽民:《加快改革开放和现代化建设步伐,夺取有中国特色社会主义事业的更大胜利》(1992年10月12日),《江泽民文选》第1卷,人民出版社2006年版,第238页

我们讲继承、讲借鉴,目的是通过继承和借鉴,使民族传统文化、外来文化的精华,同我们党领导人民在长期革命和建设中形成的优良传统和革命精神有机地结合在一起,并在新的实践基础上不断创新,建设和发展有中国特色的社会主义文化。

> 江泽民:《在全国宣传思想工作会议上的讲话》(1994年1月24日),《论党的建设》,中央文献出版社2001年版,第136页

创新是一个民族进步的灵魂，是一个国家兴旺发达的不竭动力，也是一个政党永葆生机的源泉。

> 江泽民：《不断根据实践的要求进行创新》（2000年6月20日），《江泽民文选》第3卷，人民出版社2006年版，第64页

要努力掌握和发展各种现代传播手段，积极推动先进文化的传播。

> 江泽民：《在庆祝中国共产党成立八十周年大会上的讲话》（2001年7月1日），《江泽民文选》第3卷，人民出版社2006年版，第277—278页

发展社会主义文化，必须继承和发扬一切优秀的文化，必须充分体现时代精神和创造精神，必须具有世界眼光，增强感召力。中华民族的优秀文化传统，党和人民从五四运动以来形成的革命文化传统，人类社会创造的一切先进文明成果，我们都要积极继承和发扬。我国几千年历史留下了丰富的文化遗产，我们应该取其精华、去其糟粕，结合时代精神加以继承和发展，做到古为今用。同时，必须结合新的实践和时代的要求，结合人民群众精神文化生活的需要，积极进行文化创新，努力繁荣先进

文化，把亿万人民紧紧吸引在有中国特色社会主义文化的伟大旗帜下。

> 江泽民：《在庆祝中国共产党成立八十周年大会上的讲话》（2001年7月1日），《江泽民文选》第3卷，人民出版社2006年版，第278—279页

世界多极化和经济全球化的趋势深入发展，引起世界各种思想文化，历史的和现实的、外来的和本土的、进步的和落后的、积极的和颓废的，展开了相互激荡，有吸纳又有排斥，有融合又有斗争，有渗透又有抵御。总体上处于弱势地位的广大发展中国家，不仅在经济发展上面临严峻挑战，在文化发展上也面临严峻挑战。保持和发展本民族文化的优秀传统，大力弘扬民族精神，积极吸取世界其他民族的优秀文化成果，实现文化的与时俱进，是关系广大发展中国家前途命运的重大问题。

> 江泽民：《文艺是民族精神的火炬》（2001年12月18日），《江泽民文选》第3卷，人民出版社2006年版，第399—400页

要正确认识我国社会和当今世界发生的重大变化，正确认识广大党员、干部和人民群众工作生活

条件和社会环境发生的重大变化，正确认识这些变化对我们党和国家事业发展提出的新任务、新课题、新挑战，加强对全局性、战略性、前瞻性重大理论和实践问题的研究，在研究和解决重大课题的过程中推动哲学社会科学各学科的发展。

> 江泽民：《必须高度重视哲学社会科学的发展》（2002年7月16日），《江泽民文选》第3卷，人民出版社2006年版，第493页

通过理论创新推动制度创新、科技创新、文化创新以及其他各方面的创新，不断在实践中探索前进，永不自满，永不懈怠，这是我们要长期坚持的治党治国之道。

> 江泽民：《全面建设小康社会，开创中国特色社会主义事业新局面》（2002年11月8日），《江泽民文选》第3卷，人民出版社2006年版，第537—538页

根据社会主义精神文明建设的特点和规律，适应社会主义市场经济发展的要求，推进文化体制改革。抓紧制定文化体制改革的总体方案。把深化改革同调整结构和促进发展结合起来，理顺政府和文化企事业单位的关系，加强文化法制建设，加强宏

观管理，深化文化企事业单位内部改革，逐步建立有利于调动文化工作者积极性，推动文化创新，多出精品、多出人才的文化管理体制和运行机制。

江泽民：《全面建设小康社会，开创中国特色社会主义事业新局面》（2002年11月8日），《江泽民文选》第3卷，人民出版社2006年版，第561—562页

要以体制和机制创新为重点，深化文化体制改革，进一步革除制约文化发展的体制性障碍，完善文化产业政策，加快文化产业结构调整，优化资源配置，提高集约化经营水平，运用高新技术促进产业升级，推动我国文化产业实现跨越式发展，逐步提高文化产业在国民经济中的比重，不断增强文化产业的整体实力和竞争力。

胡锦涛：《在全国宣传思想工作会议上的讲话》（2003年12月5日）

创新文化孕育创新事业，创新事业激励创新文化。

胡锦涛：《坚持走中国特色自主创新道路，为建设创新型国家而努力奋斗》（2006年1月9日），《十六大以来重要文献选编》（下），中央文献出版社2008年版，第193页

推进文化发展，基础在继承，关键在创新。继承和创新，是一个民族文化生生不息的两个重要轮子。

> 胡锦涛：《在中国文联第八次全国代表大会、中国作协第七次全国代表大会上的讲话》（2006年11月10日），《十六大以来重要文献选编》（下），中央文献出版社2008年版，第756页

我们生活的新时代，人民群众对生活的新追求，对文艺创新提出了更高要求。只有坚持解放思想、实事求是、与时俱进，大力推进文艺观念、内容、风格、流派的积极创新，大力推进文艺体裁、题材、形式、手段的充分发展，才能创作出更多具有中国特色、中国风格、中国气派的优秀作品，不断增强文艺的时代感和吸引力。

> 胡锦涛：《在中国文联第八次全国代表大会、中国作协第七次全国代表大会上的讲话》（2006年11月10日），《十六大以来重要文献选编》（下），中央文献出版社2008年版，第756页

在时代的高起点上推动文化内容形式、体制机制、传播手段创新，解放和发展文化生产力，是繁

荣文化的必由之路。

> 胡锦涛:《高举中国特色社会主义伟大旗帜,为夺取全面建设小康社会新胜利而奋斗》(2007年10月15日),《十七大以来重要文献选编》(上),中央文献出版社2009年版,第28页

深化改革,加快发展,是兴起社会主义文化建设新高潮、提高国家文化软实力的必由之路。要以满足人民日益增长的精神文化需要为目的,以改革为动力,统筹文化事业和文化产业,统筹体制改革和结构调整,统筹城乡区域文化发展,推动形成以公有制为主体、多种所有制共同发展的文化产业格局和民族文化为主体、吸收外来有益文化的文化市场格局。

> 胡锦涛:《在全国宣传思想工作会议上的讲话》(2008年1月22日)

文化是最需要创新的领域,只有把握时代脉搏、反映时代精神、贴近现实生活、引领人民思想的文化,才能始终赢得人民,才能始终成为社会进步的先导。

> 胡锦涛:《在全国宣传思想工作会议上的讲话》(2008年1月22日)

深入推进文化体制改革，推动文化建设和经济建设、政治建设、社会建设协调发展，已成为实现科学发展的必然要求。

> 胡锦涛：《在十七届中共中央政治局第 22 次集体学习时的讲话》（2010 年 7 月 23 日），《人民日报》2010 年 7 月 24 日

深入推进文化体制改革，必须以邓小平理论和"三个代表"重要思想为指导，深入贯彻落实科学发展观，坚持社会主义先进文化前进方向，坚持文化事业和文化产业协调发展，遵循社会主义精神文明建设的特点和规律，适应社会主义市场经济发展的要求，以发展为主题，以体制机制创新为重点，以满足人民群众精神文化需求为出发点和落脚点，着力构建充满活力、富有效率、更加开放、有利于文化科学发展的体制机制，繁荣发展社会主义文化，不断增强我国文化软实力和国际竞争力。

> 胡锦涛：《在十七届中共中央政治局第 22 次集体学习时的讲话》（2010 年 7 月 23 日），《人民日报》2010 年 7 月 24 日

要深化文化体制改革，推进公共文化服务体系向基层延伸，加快文化产业基地和区域性特色文化

产业群建设，发展新型文化业态，推动文化产业成为国民经济支柱性产业。

胡锦涛：《在中央经济工作会议上的讲话》（2010年12月10日）

七、关于文化人才队伍建设

在长期的和残酷的民族解放战争中,在建立新中国的伟大斗争中,共产党必须善于吸收知识分子,才能组织伟大的抗战力量,组织千百万农民群众,发展革命的文化运动和发展革命的统一战线。没有知识分子的参加,革命的胜利是不可能的。

毛泽东:《《大量吸收知识分子》》(1939年12月1日),《毛泽东选集》第2卷,人民出版社1991年版,第618页

在我们为中国人民解放的斗争中,有各种的战线,就中也可以说有文武两个战线,这就是文化战线和军事战线。我们要战胜敌人,首先要依靠手里拿枪的军队。但是仅仅有这种军队是不够的,我们还要有文化的军队,这是团结自己、战胜敌人必不可少的一支军队。"五四"以来,这支文化军队就

在中国形成，帮助了中国革命，使中国的封建文化和适应帝国主义侵略的买办文化的地盘逐渐缩小，其力量逐渐削弱。

> 毛泽东：《在延安文艺座谈会上的讲话》（1942年5月），《毛泽东选集》第3卷，人民出版社1991年版，第847页

在阶级社会中有文人，在将来的社会主义社会也有专门的文学家、艺术家。将来大批的作家将从工人农民中产生。

> 毛泽东：《文艺工作者要同工农兵相结合》（1942年5月28日），《毛泽东文集》第2卷，人民出版社1999年版，第430页

对文化人、知识分子采取欢迎的态度，懂得他们的重要性，没有这一部分人就不能成事。

> 毛泽东：《文艺工作者要同工农兵相结合》（1942年5月28日），《毛泽东文集》第2卷，人民出版社1993年版，第432页

为着扫除民族压迫和封建压迫，为着建立新民主主义的国家，需要大批的人民的教育家和教师，人民的科学家、工程师、技师、医生、新闻工作者、

著作家、文学家、艺术家和普通文化工作者。

> 毛泽东：《论联合政府》（1945年4月24日），《毛泽东选集》第3卷，人民出版社1991年版，第1082页

我们的国家是一个文化不发达的国家。五百万左右的知识分子对于我们这样一个大国来说，是太少了。没有知识分子，我们的事情就不能做好，所以我们要好好地团结他们。

> 毛泽东：《在中国共产党全国宣传工作会议上的讲话》（1957年3月12日），《毛泽东文集》第7卷，人民出版社1999年版，第270页

为了建成社会主义，工人阶级必须有自己的技术干部的队伍，必须有自己的教授、教员、科学家、新闻记者、文学家、艺术家和马克思主义理论家的队伍。这是一个宏大的队伍，人少了是不成的。

> 毛泽东：《一九五七年夏季的形势》（1957年7月），《建国以来毛泽东文稿》第6册，中央文献出版社1992年版，第550页

没有知识分子不行，无产阶级一定要有自己的"秀才"。这些人要较多地懂得马克思主义，又有一

定的文化水平、科学知识、词章修养。

> 毛泽东：《工作方法六十条（草案）》（1958年1月），《毛泽东文集》第7卷，人民出版社1999年版，第360页

一定要在党内造成一种空气：尊重知识，尊重人才。

> 邓小平：《尊重知识，尊重人才》（1977年5月24日），《邓小平文选》第2卷，人民出版社1994年版，第41页

老一代文艺工作者，在发现和培养青年文艺工作者方面负有重要的责任。青年文艺工作者年富力强，思想敏锐，是我们文艺事业的未来。应当热情帮助并严格要求他们，使他们既不脱离生活，又能在思想上、艺术上不断进步。

> 邓小平：《在中国文学艺术工作者第四次代表大会上的祝词》（1979年10月30日），《邓小平文选》第2卷，人民出版社1994年版，第212页

必须十分重视文艺人才的培养。在一个九亿多人口的大国里，杰出的文艺家实在太少了。这种状

况与我们的时代很不相称。我们不仅要从思想上，而且要从工作制度上创造有利于杰出人才涌现和成长的必要条件。

> 邓小平：《在中国文学艺术工作者第四次代表大会上的祝词》（1979年10月30日），《邓小平文选》第2卷，人民出版社1994年版，第212—213页

选拔干部，选拔人才，只要选得好，选得准，我们的事业就大有希望。

> 邓小平：《高级干部要带头发扬党的优良传统》（1979年11月2日），《邓小平文选》第2卷，人民出版社1994年版，第225页

人才，只有大胆使用，才能培养出来。

> 邓小平：《前十年为后十年做好准备》（1982年10月14日），《邓小平文选》第3卷，人民出版社1993年版，第17页

我们要开一条路出来，让有才能的人很快成长，不要老是把人才卡住。人才不断涌出，我们的事业才有希望。

> 邓小平：《前十年为后十年做好准备》（1982年10

月14日),《邓小平文选》第3卷,人民出版社1993年版,第18页

善于发现人才,团结人才,使用人才,是领导者成熟的主要标志之一。

邓小平:《改革科技体制是为了解放生产力》(1985年3月7日),《邓小平文选》第3卷,人民出版社1993年版,第109页

四化建设的实现要靠知识、靠人才。政策上的失误容易纠正过来,而知识不是立即就能得到的,人才也不是一天两天就能培养出来的,这就要抓教育,要从娃娃抓起。

邓小平:《教育是一个民族最根本的事业》(1986年4月19日),《毛泽东邓小平江泽民论教育》,中央文献出版社、人民教育出版社、北京师范大学出版社2002年版,第175页

知识分子是工人阶级中掌握科学文化知识较多的一部分,是先进生产力的开拓者,在改革开放和现代化建设中有着特殊重要的作用。能不能充分发挥广大知识分子的才能,在很大程度上决定着我们

民族的盛衰和现代化建设的进程。要努力创造更加有利于知识分子施展聪明才智的良好环境，在全社会进一步形成尊重知识、尊重人才的良好风尚。

> 江泽民：《加快改革开放和现代化建设步伐，夺取有中国特色社会主义事业的更大胜利》（1992年10月12日），《十四大以来重要文献选编》（上），人民出版社1996年版，第26页

宣传思想战线汇集着大量知识分子。要很好地贯彻尊重知识、尊重人才的方针，努力创造民主舒畅、生动活泼、团结协作的环境，充分发挥这条战线广大知识分子的聪明才智，使优秀人才脱颖而出，特别是使青年人才更快更好地成长，逐步造就一大批在全国乃至国际上有影响的各类专门人才。

> 江泽民：《在全国宣传思想工作会议上的讲话》（1994年1月24日），《十四大以来重要文献选编》（上），人民出版社1996年版，第660—661页

加强队伍建设，要把思想政治建设放在首位，首先要确保在政治上过得硬。要努力培养和选拔一批政治坚定、作风正派、业务上有发展前途的比较

年轻的同志，给他们压担子，使他们尽快成长起来，确保党的宣传文化事业后继有人。

> 江泽民：《宣传思想战线的主要任务》（1996年1月24日），《十四大以来重要文献选编》（中），人民出版社1997年版，第1681—1682页

文化建设最重要的是要抓方向、抓队伍建设。

> 江泽民：《努力开创社会主义精神文明建设的新局面》（1996年10月10日），《江泽民文选》第1卷，人民出版社2006年版，第580页

一定要有一支专门从事精神文明建设的高素质的宏大队伍。这支队伍包括宣传工作者、思想政治工作者、教育工作者、文化艺术工作者、新闻出版工作者、哲学社会科学工作者、科技工作者等。这些同志在精神文明建设中负有重要使命，起着骨干作用。

> 江泽民：《努力开创社会主义精神文明建设的新局面》（1996年10月10日），《江泽民文选》第1卷，人民出版社2006年版，第583—584页

要帮助广大文艺工作者认真学习马克思列宁主义、毛泽东思想和邓小平建设有中国特色社会主义理论，为他们深入生活、深入群众，不断提高思想业务素质，充分增长和发挥艺术创造力，提供良好的条件。要努力培养越来越多的紧跟时代步伐、热爱祖国和人民、艺术精湛的作家、艺术家。要加强思想政治工作，加强对共产党员文艺工作者的教育、管理和监督。从事文艺工作和在文艺部门工作的共产党员，要在思想上、政治上、作风上，在深入生活、深入群众上，发挥表率作用。

江泽民：《发展和繁荣社会主义文艺》（1996年12月16日），《十四大以来重要文献选编》（下），人民出版社1999年版，第2154页

在认识和改造世界的过程中，哲学社会科学与自然科学同样重要；培养高水平的哲学社会科学家，与培养高水平的自然科学家同样重要；提高全民族的哲学社会科学素质，与提高全民族的自然科学素质同样重要；任用好哲学社会科学人才并充分发挥他们的作用，与任用好自然科学人才并发挥他们的作用同样重要。

江泽民：《在北戴河同国防科技和社会科学专家座

谈时的讲话》（2001年8月7日），《江泽民论有中国特色社会主义》（专题摘编），中央文献出版社2002年版，第275页

我国哲学社会科学事业的发展，需要造就一批用马克思主义武装起来、立足中国、面向世界、学贯中西的思想家和理论家，造就一批理论功底扎实、勇于开拓创新的学科带头人，造就一批年富力强、政治和业务素质良好、锐意进取的青年理论骨干。这样才有希望创造出对民族振兴和人类文明发展有深远影响的鸿篇巨制。

江泽民：《在北戴河同国防科技和社会科学专家座谈时的讲话》（2001年8月7日），《江泽民论有中国特色社会主义（专题摘编）》，中央文献出版社2002年版，第276页

要尊重知识、尊重人才，真诚团结、充分信任和热情关心广大文艺工作者，积极营造良好的创作环境，对优秀作品和优秀人才要大力扶持，积极宣传，给予奖励。要热情支持文艺工作者发挥个人的创造精神，施展聪明才智，并积极引导他们更好地把握时代精神和人民的要求，认真严肃地考虑自己作品的社会效果。要促进文艺工作者进一步加强团

结，相互学习，相互激励，提倡文人互勉，反对文人相轻。要进一步采取有力措施，努力培养造就一大批坚持马克思主义文艺观、文化素养好、富有创造才华的文学艺术家。

> 江泽民：《文艺是民族精神的火炬》（2001年12月18日），《江泽民文选》第3卷，人民出版社2006年版，第404—405页

各级党委和政府，各组织人事部门、宣传部门、教育部门，各哲学社会科学研究机构、高等院校、党校等，要共同努力，进一步形成哲学社会科学人才培养、激励、选拔、任用的良好机制，促进哲学社会科学优秀人才茁壮成长。

> 江泽民：《必须高度重视哲学社会科学的发展》（2002年7月16日），《江泽民文选》第3卷，人民出版社2006年版，第495页

要坚持党管人才原则，加强宣传思想战线专业人才队伍建设，努力培养造就一大批坚持正确方向、精通各自业务、做出突出成绩、受到人民欢迎的各门类专家和业务骨干。

> 胡锦涛：《在全国宣传思想工作会议上的讲话》（2003年12月5日）

要全面贯彻人才强国战略，高度重视哲学社会科学人才的培养，努力营造有利于优秀人才脱颖而出、人尽其才的良好机制。

> 胡锦涛：2004年5月28日在十六届中共中央政治局第13次集体学习时的讲话，《人民日报》2004年5月30日

搞好马克思主义理论研究，很关键的一个问题是要建设一支政治强、业务精、作风正的马克思主义理论队伍。要加强对马克思主义理论拔尖人才的重点扶持，造就一批学贯中西、在国内外有广泛影响的马克思主义理论大家；加强对崭露头角的学术新秀的重点培养，造就一批各学科各专业的领军人物；加强对高校马克思主义专业人才的重点培养，造就一批具有较高素质、有志于从事马克思主义理论研究的后备人才。

> 胡锦涛：2005年11月26日在十六届中共中央政治局第26次集体学习时的讲话，《人民日报》2005年11月27日

加强党的意识形态工作，必须紧紧依靠广大知识分子。要切实加强马克思主义理论队伍和哲学社会科学队伍建设，注重培养一批德才兼备、在国际

学术界有影响的专家学者。各级领导干部要同知识分子交朋友，特别是要同那些学术造诣高、社会影响大的知识分子加强联系，主动听取他们的意见，发挥他们的积极性、主动性、创造性，使广大知识分子积极认同和传播我国社会主义核心价值体系，自觉投身社会主义先进文化建设。

> 胡锦涛：《在中共十六届六中全会第二次全体会议上的讲话》（2006年10月11日），《十六大以来重要文献选编》（下），中央文献出版社2008年版，第687页

要加快网络文化队伍建设，形成与网络文化建设和管理相适应的管理队伍、舆论引导队伍、技术研发队伍，培养一批政治素质高、业务能力强的干部。

> 胡锦涛：2007年1月24日在十六届中共中央政治局第38次集体学习时的讲话，《人民日报》2007年1月25日

要继续实施好宣传思想文化领域"四个一批"人才培养工程，建立健全培养、选拔、考核、激励机制，做好培育人才、吸引人才、使用人才工作，努力造就一大批各门类拔尖人才、经营管理人才、

专业技术人才。

胡锦涛：《在全国宣传思想工作会议上的讲话》
（2008 年 1 月 22 日）

要认真贯彻尊重劳动、尊重知识、尊重人才、尊重创造的方针，研究落实国家荣誉制度，表彰有杰出贡献的文化工作者，充分调动他们的积极性、主动性、创造性。

胡锦涛：《在全国宣传思想工作会议上的讲话》
（2008 年 1 月 22 日）

要高度重视在知识分子中培养一大批坚定的马克思主义者，努力造就政治坚定、与党同心同德、具有广泛社会影响的理论家、思想家。

胡锦涛：《在党的十七届三中全会第二次全体会议上讲话》（2008 年 10 月 12 日）

要加强文化战线领导班子建设，加强文化事业和文化产业人才培养，为深化文化体制改革和文化建设提供有力组织保证和人才保障。

胡锦涛：2010 年 7 月 23 日在十七届中共中央政治局第 22 次集体学习时的讲话，《人民日报》2010 年 7 月 24 日

八、关于党对文化建设的领导

所谓新民主主义的文化，一句话，就是无产阶级领导的人民大众的反帝反封建的文化。

> 毛泽东：《新民主主义论》（1940年1月），《毛泽东选集》第2卷，人民出版社1991年版，第698页

新民主主义的政治、经济、文化，由于其都是无产阶级领导的缘故，就都具有社会主义的因素，并且不是普通的因素，而是起决定作用的因素。

> 毛泽东：《新民主主义论》（1940年1月），《毛泽东选集》第2卷，人民出版社1991年版，第704—705页

真正人民大众的东西，现在一定是无产阶级领导的。资产阶级领导的东西，不可能属于人民大众。

新文化中的新文学新艺术，自然也是这样。

> 毛泽东：《在延安文艺座谈会上的讲话》（1942年5月），《毛泽东选集》第3卷，人民出版社1991年版，第855页

为了改善对于知识分子的使用，进一步地进行对于知识分子的改造，大批地培养知识分子，以加速我国科学文化事业的发展，必须加强党的领导。

> 毛泽东：《对中央关于知识分子问题的指示草案的批语和修改》（1955年12月），《建国以来毛泽东文稿》第5册，中央文献出版社1991年版，第476页

利用行政力量，强制推行一种风格，一种学派，禁止另一种风格，另一种学派，我们认为会有害于艺术和科学的发展。艺术和科学中的是非问题，应当通过艺术界科学界的自由讨论去解决，通过艺术和科学的实践去解决，而不应当采取简单的方法去解决。

> 毛泽东：《关于正确处理人民内部矛盾的问题》（1957年2月27日），《毛泽东文集》第7卷，人民出版社1999年版，第229页

实行百花齐放、百家争鸣的方针，并不会削弱马克思主义在思想界的领导地位，相反地正是会加强它的这种地位。

> 毛泽东：《关于正确处理人民内部矛盾的问题》（1957年2月27日），《毛泽东文集》第7卷，人民出版社1999年版，第232页

要责成省委、地委、县委书记管思想工作，管报纸、学校、文学艺术和广播。

> 毛泽东：《在普通教育工作座谈会上的讲话》（1957年3月7日），《毛泽东文集》第7卷，人民出版社1999年版，第247页

思想问题现在已经成为非常重要的问题。各地党委的第一书记应该亲自出马来抓思想问题，只有重视了和研究了这个问题，才能正确地解决这个问题。

> 毛泽东：《在中国共产党全国宣传工作会议上的讲话》（1957年3月12日），《毛泽东文集》第7卷，人民出版社1999年版，第282页

离开了中国共产党的领导，谁来组织社会主义

的经济、政治、军事和文化？谁来组织中国的四个现代化？在今天的中国，决不应该离开党的领导而歌颂群众的自发性。党的领导当然不会没有错误，而党如何才能密切联系群众，实施正确的和有效的领导，也还是一个必须认真考虑和努力解决的问题，但是这决不能成为要求削弱和取消党的领导的理由。

>邓小平：《坚持四项基本原则》（1979年3月30日），《邓小平文选》第2卷，人民出版社1994年版，第170页

党对文艺工作的领导，不是发号施令，不是要求文学艺术从属于临时的、具体的、直接的政治任务，而是根据文学艺术的特征和发展规律，帮助文艺工作者获得条件来不断繁荣文学艺术事业，提高文学艺术水平，创作出无愧于我们伟大人民、伟大时代的优秀的文学艺术作品和表演艺术成果。

>邓小平：《在中国文学艺术工作者第四次代表大会上的祝词》（1979年10月30日），《邓小平文选》第2卷，人民出版社1994年版，第213页

我们提倡领导者同文艺工作者平等地交换意见；党员作家应当以自己的创作成就起模范作用，团结和

吸引广大文艺工作者一道前进。衙门作风必须抛弃。在文艺创作、文艺批评领域的行政命令必须废止。

> 邓小平：《在中国文学艺术工作者第四次代表大会上的祝词》（1979年10月30日），《邓小平文选》第2卷，人民出版社1994年版，第213页

我们说改善党的领导，其中最主要的，就是加强思想政治工作。中央认为，从原则上说，各级党组织应该把大量日常行政工作、业务工作，尽可能交给政府、业务部门承担，党的领导机关除了掌握方针政策和决定重要干部的使用以外，要腾出主要的时间和精力来做思想政治工作，做人的工作，做群众工作。

> 邓小平：《贯彻调整方针，保证安定团结》（1980年12月25日），《邓小平文选》第2卷，人民出版社1994年版，第365页

把我们党建设成为有战斗力的马克思主义政党，成为领导全国人民进行社会主义物质文明和精神文明建设的坚强核心。

> 邓小平：《党在组织战线和思想战线上的迫切任务》（1983年10月12日），《邓小平文选》第3卷，人民出版社1993年版，第39页

从中央到地方，各级党委的主要负责人一定要重视理论界文艺界以及整个思想战线的情况、问题和工作。

> 邓小平：《党在组织战线和思想战线上的迫切任务》（1983年10月12日），《邓小平文选》第3卷，人民出版社1993年版，第45页

在工作重心转到经济建设以后，全党要研究如何适应新的条件，加强党的思想工作，防止埋头经济工作、忽视思想工作的倾向。

> 邓小平：《党在组织战线和思想战线上的迫切任务》（1983年10月12日），《邓小平文选》第3卷，人民出版社1993年版，第48页

抓精神文明建设，抓党风、社会风气好转，必须狠狠地抓，一天不放松地抓，从具体事件抓起。

> 邓小平：《在中央政治局常委会上的讲话》（1986年1月17日），《邓小平文选》第3卷，人民出版社1993年版，第152页

加强和改善管理是发展宣传文化事业、繁荣文化市场的有力保证。我们要花大力量抓繁荣，促发展，多生产人民群众喜爱的精神产品。同时，对那

些错误的、违法的东西不能不管不问。在大的是非面前，宣传思想文化部门要坚持原则，提倡什么、允许什么、限制什么、反对什么，必须旗帜鲜明。

江泽民：《在全国宣传思想工作会议上的讲话》（1994年1月24日），《论党的建设》，中央文献出版社2001年版，第136—137页

一个地区、一个部门的宣传思想工作和精神文明建设，责任主要在这个地区和部门的党组织。各级党委，首先是主要负责同志一定要深入实际，调查研究，总结经验，精心指导，督促检查，加强和改进宣传思想战线的工作。

江泽民：《在全国宣传思想工作会议上的讲话》（1994年1月24日），《论党的建设》，中央文献出版社2001年版，第138页

各级党委和政府要经常向宣传文化教育部门介绍形势、任务、方针政策，帮助他们了解改革和建设的进展情况，以利于他们做好工作。

江泽民：《在全国宣传思想工作会议上的讲话》（1994年1月24日），《论党的建设》，中央文献出版社2001年版，第138页

物质文明抓得好，精神文明抓得不好，不能说是一名合格的领导干部。看一名领导干部的政绩，不仅要看他抓物质文明建设的能力和成果，还要看他抓精神文明建设的能力和成果。在任何时候任何情况下，发展物质文明都不应该以削弱甚至牺牲精神文明建设为代价，而应该积极促进精神文明发展，既满足人民的精神生活需要，又为发展物质文明不断提供精神动力和智力支持。

>江泽民：《经济特区要增创新优势，更上一层楼》（1994年6月20日），《江泽民文选》第1卷，人民出版社2006年版，第381页

要切实加强对宣传思想工作的领导，把精神文明建设放到更加突出的地位。要深入研究思想文化领域的情况，掌握这一领域的特点和工作规律，及时分析社会动向、群众情绪，研究制定一个时期的宣传文化政策。

>江泽民：《宣传思想战线的主要任务》（1996年1月24日），《十四大以来重要文献选编》（中），人民出版社1997年版，第1681页

舆论导向正确，是党和人民之福；舆论导向错误，是党和人民之祸。党的新闻事业与党休戚与共，

是党的生命的一部分。可以说，舆论工作就是思想政治工作，是党和国家的前途命运所系的工作。因此，我们党一贯强调，要把新闻舆论的领导权牢牢掌握在忠于马克思主义、忠于党、忠于人民的人手里；新闻舆论单位一定要把坚定正确的政治方向放在一切工作的首位，坚持正确的舆论导向；新闻舆论工作要紧紧围绕经济建设这个中心，服从和服务于全党全国工作的大局。

> 江泽民：《舆论导向正确是党和人民之福》（1996年9月26日），《江泽民文选》第1卷，人民出版社2006年版，第564页

各级党委、特别是主要领导同志一定要充分认识到，做好人的工作，做好思想政治工作，是在现代化建设实践中把两个文明建设统一起来的中心环节。

> 江泽民：《努力开创社会主义精神文明建设的新局面》（1996年10月10日），《江泽民文选》第1卷，人民出版社2006年版，第583页

精神文明建设的重要阵地必须牢牢掌握在党手里。宣传文化教育部门和党报党刊、通讯社、广播

电台、电视台、出版社的工作状况如何,影响极大,一定要把这些部门的领导班子选配好,严格要求,严格管理。

> 江泽民:《努力开创社会主义精神文明建设的新局面》(1996年10月10日),《江泽民文选》第1卷,人民出版社2006年版,第584页

　　各级领导干部要密切关注和研究信息网络发展的新动向,抓紧学习网络知识,善于利用网络开展工作,努力掌握网上斗争的主动权。

> 江泽民:《在中央思想政治工作会议上的讲话》,(2000年6月28日),《江泽民文选》第3卷,人民出版社2006年版,第94页

　　党的各级组织都要切实承担起做党的思想政治工作的职责。要建立党委统一领导,党政各部门和工会、共青团、妇联等人民团体齐抓共管、各负其责的思想政治工作体制,建立健全思想政治工作责任制。

> 江泽民:《在中央思想政治工作会议上的讲话》(2000年6月28日),《江泽民文选》第3卷,人民出版社2006年版,第97页

各级党委都要增强阵地意识，切实加强对思想文化阵地的领导。每一个思想文化单位的党组织都要认真执行党的方针政策和国家的法律法规，真正做到守土有责。

江泽民：《在中央思想政治工作会议上的讲话》（2000年6月28日），《江泽民文选》第3卷，人民出版社2006年版，第97页

各级党委要加强和改进对文化工作的领导，充分发挥全体文化工作者的积极性创造性，支持和鼓励他们紧密结合亿万人民全面建设小康社会的伟大实践，创造出更多体现时代精神、符合人民要求的具有中国特色、中国风格、中国气派的文化成果，更好地为人民服务、为社会主义服务、为全党全国工作大局服务。

胡锦涛：《在十六届中共中央政治局第7次集体学习时的讲话》（2003年8月12日），《人民日报》2003年8月13日

党管宣传、党管意识形态，是我们党在长期实践中形成的重要原则和制度，是坚持党的领导的一个重要方面，必须始终牢牢坚持，任何时候都不能动摇。

胡锦涛：《在全国宣传思想工作会议上的讲话》（2003年12月5日）

要坚持弘扬主旋律，对错误的思想政治观点和言论，对否定四项基本原则的挑战和攻击，要坚持原则，敢抓敢管，理直气壮地予以批驳和抵制，决不能不闻不问、听之任之。

> 胡锦涛：《做好当前党和国家的各项工作》（2004年9月19日），《十六大以来重要文献选编》（中），中央文献出版社2006年版，第318页

要加强宣传阵地的建设和管理，不能为错误的思想观念提供传播渠道。在工作中要注意区分思想认识问题、学术问题和政治问题的界限，做到具体问题具体分析，是什么问题就解决什么问题，以免影响经济建设这个中心、影响改革发展稳定的大局。

> 胡锦涛：《做好当前党和国家的各项工作》（2004年9月19日），《十六大以来重要文献选编》（中），中央文献出版社2006年版，第318—319页

各级党委和各级领导干部特别是主要负责同志都要从提高党的执政能力、巩固党的执政地位、完成党的执政使命的战略高度来谋划意识形态工作，

加强和改进对意识形态工作的领导，提高做好新形势下意识形态工作的能力，牢牢掌握意识形态工作的领导权和主动权。

> 胡锦涛：《在中共十六届六中全会第二次全体会议上的讲话》（2006年10月11日），《十六大以来重要文献选编》（下），中央文献出版社2008年版，第684页

加强和改善党对新闻媒体的领导，有效引导社会舆论，是加强党的执政能力建设的重要方面，也是对党的宣传思想工作的重要考验。

> 胡锦涛：《在中共十六届六中全会第二次全体会议上的讲话》（2006年10月11日），《十六大以来重要文献选编》（下），中央文献出版社2008年版，第685页

要密切关注社会思想动态和文化发展趋势，经常分析思想理论领域的形势，着力提高驾驭意识形态复杂局面、引领社会思潮的能力，提高调控大众媒体、引导社会舆论的能力，提高发展文化事业和文化产业、满足人民精神文化需要的能力，提高借鉴世界优秀文化成果、促进我国文化发展繁荣和维护国家文化安全的能力，提高推动改革创新、激发

全社会文化创造活力的能力。

胡锦涛：《在全国宣传思想工作会议上的讲话》
（2008 年 1 月 22 日）

要加强对宣传思想文化领域全局性、前瞻性、战略性问题的研究，特别是要围绕推动社会主义文化大发展大繁荣，深入研究人民群众对文化建设的新要求和对文化工作的新期待，深入研究中国特色社会主义文化发展的规律和特点，深入研究文化发展与经济发展、政治发展、社会发展的内在关系，深入研究古今中外思想文化发展演化的经验教训，提出兴起社会主义文化建设新高潮的政策措施。

胡锦涛：《在全国宣传思想工作会议上的讲话》
（2008 年 1 月 22 日）

舆论引导正确，利党利国利民；舆论引导错误，误党误国误民。要牢固树立政治意识、大局意识、责任意识、阵地意识，把坚持正确导向放在新闻宣传工作的首位，坚持团结稳定鼓劲、正面宣传为主，唱响主旋律，打好主动仗，更加自觉主动地为人民服务、为社会主义服务、为党和国家工作大局服务。

胡锦涛：《在人民日报社考察工作时的讲话》

(2008年6月20日),《人民日报》2008年6月21日

各级党委和政府要把文化体制改革和文化建设摆在全局工作的重要位置,纳入经济社会发展总体规划,纳入科学发展考核评价体系,建立健全领导体制和工作机制,坚持一手抓繁荣、一手抓管理,牢牢把握发展主动权。

> 胡锦涛:《在十七届中共中央政治局第22次集体学习时的讲话》(2010年7月23日),《人民日报》2010年7月24日

按照积极利用、科学发展、依法管理、确保安全的方针,形成法律规范、行政监管、行业自律、技术保障、公众监督、社会教育相结合的互联网管理体系,提高对虚拟社会的管理水平。要落实互联网管理责任,明确各有关单位的法律责任和权责关系,形成党委统一领导、政府严格管理、企业依法运营、行业加强自律、全社会共同监督的互联网综合管理格局。

> 胡锦涛:《在省部级主要领导干部社会管理及其创新专题研讨班上的讲话》(2011年2月19日)

图书在版编目（CIP）数据

论文化建设：重要论述摘编／中共中央宣传部，中共中央文献研究室编.
—北京：学习出版社，中央文献出版社，2012.2
ISBN 978－7－5147－0047－3

Ⅰ.①论… Ⅱ.①中…②中… Ⅲ.①社会主义－文化事业－建设
  －中国－学习参考资料　Ⅳ.①G12

中国版本图书馆 CIP 数据核字（2011）第 209999 号

论文化建设
LUN WENHUA JIANSHE
——重要论述摘编
中 共 中 央 宣 传 部
中共中央文献研究室

责任编辑：边　极
技术编辑：向　钧　周媛卿
封面设计：盛世华光

出版发行：学习出版社　中央文献出版社
　　　　　北京市崇外大街 11 号新成文化大厦 B 座 11 层（100062）
　　　　　010－66063020　010－66061634
经　　销：新华书店
印　　刷：北京市密东印刷有限公司

开　　本：710 毫米×1000 毫米　1/16
印　　张：9.25
字　　数：68 千字
版次印次：2012 年 2 月第 1 版　2012 年 2 月第 1 次印刷
书　　号：ISBN 978－7－5147－0047－3
定　　价：18.00 元

如有印装错误请与本社联系调换